# 낭독을 부르는 애가:
# 슬픔에서 희망을 긷는 지혜

김인철 지음

**낭독을 부르는 애가:**
**슬픔에서 희망을 긷는 지혜**

| | |
|---|---|
| **지음** | 김인철 |
| **편집** | 김덕원, 이찬혁 |

| | |
|---|---|
| **발행처** | 감은사 |
| **발행인** | 이영욱 |
| 전화 | 070-8614-2206 |
| 팩스 | 050-7091-2206 |
| 주소 | 서울특별시 강동구 암사동 아리수로 66, 401호 |
| 이메일 | editor@gameun.co.kr |

### 종이책

| | |
|---|---|
| 초판발행 | 2024.09.30. |
| ISBN | 9791193155592 |
| 정가 | 16,800원 |

### 전자책

| | |
|---|---|
| 초판발행 | 2024.09.30. |
| ISBN | 9791193155608 |
| 정가 | 12,800원 |

# Lamentations for Recitation: When We Face Dark Night

In Chul Kim

© 감은사 2024
이 책의 저작권은 감은사에 있습니다. 신 저작권법에 의하여 한국 내에서 보호받는 저작물이므로 무단 전재와 무단 복제를 금합니다.

| 목차 |

**추천의 글** / 9

    송민원(더바이블 프로젝트 대표, 『지혜란 무엇인가』의 저자) / 9

    윤희원(전주효성교회 담임목사) / 11

    유병현(YWAM 간사) / 13

**감사의 글** / 15

**일러두기** / 17

**프롤로그** / 19

제1부 ─────────────

**제1장 애가는 어떤 책인가** / 27

    비탄 시와 기도문 / 27

    지혜문학 / 32

    두 가지 지혜 / 36

**제2장 애가를 어떻게 낭독할 것인가** / 41

    평행법/대구법(parallelism)으로 낭독하기 / 42

        1) 통사의 평행 / 43

        2) 의미의 평행 / 43

        3) 음운의 평행 / 46

        4) 이미지의 평행 / 47

        5) 언어유희(word play) / 47

끊어 읽기 / 48

이미지 떠올리며 읽기 / 50

실제적 낭독 팁 / 51

## 제3장　낭독 애가 본문 / 53

애가 1장 / 53

애가 2장 / 60

애가 3장 / 66

애가 4장 / 73

애가 5장 / 78

제2부 ─────────────

## 제4장　낭독 애가 해설 / 83

애가 1장 / 83

　1장에서 사용된 이미지들 / 83

　단락 해설 / 84

　1장을 관통하는 문학적 기법 / 99

애가 2장 / 101

　2장에서 사용된 이미지들 / 102

　단락 해설 / 103

　2장을 관통하는 문학적 기법 / 119

애가 3장 / 121

　3장에서 사용된 이미지들 / 122

단락 해설 / 122

3장을 관통하는 문학적 기법 / 151

애가 4장 / 153

4장에서 사용된 이미지들 / 154

단락 해설 / 155

4장을 관통하는 문학적 기법 / 169

애가 5장 / 170

5장에서 사용된 이미지들 / 172

단락 해설 / 173

## 제3부

### 제5장 애가는 누가 썼나 / 187

예레미야 / 188

성문서 애가와 예언서 예레미야 / 191

### 제6장 일곱 애가 본문 및 해설 / 199

일곱 애가 본문 / 199

애가 1(렘 11:18-23) / 199

애가 2(렘 12:1-6) / 201

애가 3(렘 15:10-21) / 203

애가 4(렘 17:14-18) / 206

애가 5(렘 18:18-23) / 207

애가 6(렘 20:7-13) / 209

애가 7(렘 20:14-18) / 212

일곱 애가 해설 / 213

애가 1 / 213

애가 2 / 215

애가 3 / 216

애가 4 / 218

애가 5 / 220

애가 6 / 221

애가 7 / 224

**에필로그 / 227**

**관용어 사전 / 231**

**애가 단어 색인 / 235**

**참고 문헌 / 241**

외서 / 241

번역서 / 241

국내서 / 243

# 추천의 글

**송민원**(더바이블 프로젝트 대표, 『지혜란 무엇인가』의 저자)

그 원인과 깊이와 무관하게, '너 괜찮아'라는 한마디에 다시 일어설 힘이 생기는 아픔도 있고, 또 그 깊은 속으로 침잠하여 끝을 보아야만 하는 고통도 있습니다. 애가의 슬픔은 손쉬운 타협이나 '이 또한 지나가리라'라는 주술적 정신 승리를 허용하지 않습니다. 덮어놓고 모른 척하면 자연히 치유되는 상처도 아닙니다. "대체 어떻게(איכה, '에이카') 이럴 수가 있습니까" 속에서 터져 나오는 탄식에 설득력 있는 대답이 필요한 것도 아닙니다. 아픈 것을 아프다고 말하고 모르는 걸 모른다고 말해도 괜찮다고, 비명을 지르고 질문을 던지는 것으로 충분하다고 애가는 가르쳐 줍니다.

김인철 선생님의 『낭독을 부르는 애가: 슬픔에서 희망을 걷는 지혜』는 우리를 애가의 아픔으로 초대합니다. "낭독"은 아픈 이와 함께 아파하는 행위입니다. 낭독을 통해 우리는 수천 년 전 집이 무너지고 나라를 잃은 백성이 되었다가 남편과 자식을 잃고 홀로 남겨진 여인이 됩니다. 동료들의 처참한 죽음에서 홀로 살아남은 군인이 되었다가 먹을 게 없어 흙을 파먹는 고아가 되기도 합니다. 더럽다며 외면받는 불가촉천민 신세가 되었다가 하나님께마저 버림받은 것은 아닐까 하는 의문이 끊이질 않기도 합니다. 김인철 선생님이 읽어 낸 애가는 시인의 고통을 손쉽게 해석하거나 섣부른 정답이나 해결책을 제시하는 것이 얼마나 부끄러운 일인가를 알려 줍니다. 고통을 설명하려 하지 않고 그 고통에 오롯이 동참하는 것은 아픈 이를 치유하는 것뿐 아니라 함께 슬퍼하는 자의 상처마저 어루만져 줍니다. 이것이 바로 신비입니다. 그 신비에 참여하고자 하는 분들께 이 책을 적극 추천합니다.

『낭독을 부르는 애가』가 '좋은 책'인 이유는 다음과 같습니다. 첫째, 본문의 사역은 애가의 히브리어 원문 구조를 최대한 그대로 반영하고자 애쓴 번역입니다. 히브리 운문의 평행법과 도치법의 맛과 느낌을 우리말로 재현해 냄으로써 원문이 가지는 '날것'의 근사치를 경험하게 합니다. 둘째, 애가에 나오는 모든 단어를 어떻게 번역하느냐는 문제 앞에서 이 책은 최대한 '보수적'이고 '안전한' 선택을 합니다. 새로운 해석이나 소수 의견에 끌리는 '저자의 욕망'을 억제하고, 가장 학문적으로 신뢰할 수 있는 번역과 해석을 제시합니다. 따라서, 이 책은 믿을 수 있습니다. 셋째, 개인의 경험과 감정을 본문 해석에 투사하는 것을 자제하려는 태도를 취합니다. 저자의 과도한 자기 투영은 독자들로 하여금 성경 본문 자체에 접근하는 것을 방해합니다. 김인철 선생님은 이 위험성을 아주 잘 알고 그것을 경계하는 좋은 안내자입니다. 사람들을 성경 원문의 세계로 어떻게 하면 가장 잘 인도할 수 있을까 아주 오랫동안 치열하게 고민한 분만이 이런 선택을 할 수 있습니다. 다른 말로, 김인철 선생님 스스로가 성경의 good listener가 되고자 몸부림친 분이시기 때문입니다. 그렇기에 이 책은 성경의 '좋은 독자'가 되는 법을 알려 주는 책이기도 합니다.

**윤희원**(전주효성교회 담임목사)

이 책은 애가를 히브리어로 읽을 수 없는 사람들이, 히브리어로 읽어야 알 수 있는 그 운문의 분위기를 느낄 수 있도록 번역/저작됐다. 이 책을 읽으면 낭독을 통해서만 누릴 수 있는 운문의 정서가 살아나기 때문에 추천하고 싶다.

저자는 시적 정서를 최대한 낭독을 통하여 살려 내려고 하는데, 특히 해설과 함께 각 장을 관통하는 문학적 키나 기법(3+2 구조)의 이해를 가지게 한다. 그뿐만 아니라 특히 애가 5:18의 경우, 번역(찌온 산 폐허 위에/ 여우들이 노닙니다//)대로 끊어 읽자 그것이 담고 있는 이미지가 살아났는데, 이를 통해 본래 시가 가지고 있던 포에지(정서) 역시 되살아났고, 그 결과 나는 주석서의 설명만으로는 제대로 느낄 수 없었던 정서를 느낄 수 있었다. 즉, 느헤미야 1:3의 "예루살렘 성은 허물어지고 성문들은 불탔다 하는지라"와 느헤미야 2:3의 "내 조상의 묘실이 있는 성읍이 이제까지 황폐하고 성문이 불탔사오니 내가 어찌 얼굴에 수심이 없사오리이까" 그리고 느헤미야 4:3의 "암몬 사람 도비야는 곁에 있다가 이르되 그들이 건축하는 돌 성벽은 여우가 올라가도 곧 무너지리라"는 말씀과 자연히 오버랩(overlap)되었다. 왜냐하면 낭독하게 되면 운율의 고저와 운율 사이에 있는 긴 숨 및 짧은 숨의 휴지를 통하여 시적 이미지들이 떠오르게 되기 때문이다. 특히 이사야 선지자는 야웨께서 유다를 보호하기 위해 개입하실 것을 선포했고, 예레미야 선지자는 유다를 공격하기 위해 개입하실 것을 선포했다. 그리고 그 개입의 결과를 우리는 애가를 낭독함으로써 목도하게 된다. 그래서 저자는 낭독은 완독이라고, 즉 즐기면서 읽는 것이라고 한다.

저자의 글은 시적이다. 그래서 그가 쓴 책들을 보면 넘치지도 않고 모자라지도 않는다. 좀 부족한 것 같은데 오히려 그게 여운으로 남아 되씹게 되고, 이와는 반대로 넘칠 것 같은 상황에서는 살랑살랑 부는 바람결에 의미의 속살이 넘칠 듯 보이다가 다시 글 속으로 잦아들고 만다. 그래서 그의 책을 읽는 것이 즐겁다. 신학적인 선입견을 가지고 분석적이고 주석적으로 읽기보다는 그냥 하나님의 계시가 운문으로 기록되었기에 과하지도 부족하지도 않게 낭독하다 보면 그 의미가 살아나는 것을 알 수 있다.

**유병현**(YWAM 간사)

김인철 목사님은 한국예수전도단 귀납적 성경 연구학교(SBS)에서 오랫동안 강사로 섬겨 주신 성경 교사요, 지치지 않고 말씀을 연구하는 영원한 성경학도입니다. 김인철 목사님의 강연과 저술 그리고 번역 작업은 성경의 언어, 역사, 배경을 중요시하는 귀납적 성경 연구학교의 안내와 지침이 되었고 20년 넘게 성경 전권을 연구해 온 저에게도 큰 영향을 주었습니다.

성경은 '믿음은 말씀을 읽음에서 나며'라고 말하지 않고 "믿음은 들음에서 나며"라고 가르칩니다(롬 10:17). 원래 성경 말씀은 읽기보다는 듣는 것이었습니다. 오늘날처럼 인쇄술이 발전되지 못했던 고대에는 많은 사람이 성경을 소유할 만큼 충분하게 제작되지 못했고, 책을 제작하는 비용도 너무 비싸 누구나 쉽게 성경책을 소유할 수 없었기 때문입니다. 그렇기에 사람들이 성경 말씀을 알기 위해서는 누군가 낭독해 주는 것을 잘 듣고 암송해야만 했을 것입니다. 그렇기에 성경은 기억하기 쉽도록 이야기나 음률이 있는 시의 형태로 기록되었습니다. 특별히 구약성경의 1/3은 시로 되어 있고 예레미야애가도 모두 시로 기록되었습니다. 저자는 모든 성경을 산문으로 대하여 오직 논리와 이해의 차원에서 성경을 머리로 읽는 현대인에게 운율이 있는 시로 기록된 예레미야애가를 읽는 법을 친절하게 알려 줍니다. 낭독을 통해 애가의 아름다움과 참된 의미를 경험하도록 안내하는 『낭독을 부르는 애가』는 성경을 제대로 읽을 줄 모르는 우리에게 저자가 선사하는 뜻밖의 선물입니다. 이 책을 통해 현대 독자들이 성경의 1/3을 차지하는 운율이 있는 시를 바로 읽고 느끼는 법을 배움과 함께 깊은 탄식 속에서 소망을 발견한 예레미야처럼 승화(catharsis)와 치유를 경험하기를 바라는 마음으로 이 책을 모든 그리스도인께 추천합니다.

## 감사의 글

이 책은 히브리어 애가를 구문대로 혼자 읽으면서 시작되었다. 그렇게 읽은 부분을 틈날 때마다 우리말로 옮겨 지인들에게 낭독해 주었다. 강의 요청이 들어오면 콕 짚어서 애가를 하겠다고 우겼다. 그 과정에서 운문 형태로 행 구분된 본문과 함께 해설 교안이 만들어졌고, 그렇게 긴 시간 천천히 수정 작업이 진행되었다. 사람들은 운문 형태의 행 구분에 신기해하고, 실시간 입에서 귀로 전달되는 하나님의 말씀에 먹먹해하기도 했다. 애가 글쓰기가 급물살을 타게 된 계기는 송민원 교수의 애가 강의에 참여하면서부터였다. 필자의 사역 본문을 한글 개역개정, 히브리어 본문, 더 바이블 프로젝트 번역본과 대조하며 11주 동안 강의가 진행되었다. 마지막 시간에는 필자의 인도로 수강자들이 애가를 낭독하는 기회도 가졌다. 필자는 강의가 진행되는 내내 비교 셈어 전공자인 송민원 교수와 교류하는 호사를 누렸는데, 이를 통해 나는 시야가 넓어지고 귀가 열리고 말문이 트이는 경험을 한 것이다. 만약 그 강의에 초대받지 않았더라면, 아마 이 책은 지금보다 훨씬 못 미치는 수준에 그쳤을지도 모른다. 추천의 글까지 흔쾌히 써 주신 송민원 교수께 감사드리며, 미리 원고를 읽고 글쓰기의 방향을 제시해준 김영식 목사님께 감사드린다. 또한 오래전 총신대 기독문학 동아리 시절부터 교제해 온 전주 효성교회 담임 윤희원 목사님께서 흔쾌히 추천의 글을 써 주신 것도 감사드린다. 기쁨으로 추천의 글을 써 주신 제주 열방대학 말씀사역센터장 유병현 간사님께도 감사드린다. 아직 번역의 완성도가 낮은 애가 본문과 해설을 들어 주셨던 예수전도단 SBS, BCC 학생과 간사님들께도 감사드린다. 일면식 없는 사람의 원고를 출판하기로 결정하신 이영욱 대표님을 비롯해 감은사의 일당백 편집자님들께도 감사드린다. 작은 공동체이지만 함께 그리스도의 몸을 세워 온 무화과나무교회 식구들에게 감사드린다. 오랜 세월 성서한국을 세우는 일에 후원하신 예슈아 성서연구원 간사님들과 지인들께 감사드리며, 아직도 부족한 필자를 위해 기도해 주시는 모교회인 대구문화교회 성도님들과 혈육의 형제들께 감사드린다.

# 일러두기

1. 본문: BHS⁴을 대상으로 히브리어 원문을 직역했다.
2. 운문 형식: 원문의 행 구분을 따라 3행, 2행, 1행 형식으로 나누었다.
3. 구문: 문장 중간에 히브리어 1급 분리 악센트가 있는 단어 바로 뒤와, 행이 끝나는 곳에 있는 1급 악센트 부분에는 // 표시를 했다. 1급 분리 악센트는 앞뒤 문장의 비중을 대등하게 나누는 역할을 하기 때문에, 가급적 히브리어 어순을 따르려고 했다. 한글 행 구분은 기타 히브리어 분리 악센트를 따라 / 표시를 하거나 단순히 행을 나누었다.
4. 하나님의 이름: יהוה(YHWH)는 대용어로 발음하는 관습에 따라 주님이라는 의미의 '아도나이'로 바꾸었다. אל은

'엘'로 표기하고 '하나님'으로, עליון도 '엘리욘'으로 표기하고 '지극히 높으신 분'으로 각주를 달았다.

5. 하나님의 인칭대명사: 하나님을 인칭대명사로 받을 경우 **볼드체**로 표기했다.
6. 각주: 원어나 관용어의 의미들을 밝혔다.
7. 원문에 없는 단어: 이해를 돕기 위해 작은 글씨로 삽입했다.
8. 관용어: 본문에 직역하고 의미를 각주로 달았으며, 관용어 사전을 따로 첨부했다.
9. 고유명사: 원문의 음가를 살리고 외래어 표기법에 따랐다.
10. 문장부호: 한글 맞춤법에 따른 문장부호를 사용했다.
11. 단락 구분: 맥락에 따라 임의로 단락을 나누었다. 원문이 행과 연으로 나뉘어져 있기 때문에, 맥락이 같은 연들을 단락으로 묶었다.
12. 종파를 초월해서 일반인들이 이해할 수있는 용어로 번역했다.
13. 낭독을 위해 매 장에 나오는 이미지들을 찾아 놓았다.
14. 성경 약어가 언급되어 있지 않은 것은 '예레미야애가' 본문이다.

## 프롤로그

운문은 운문으로 읽어야 한다. 예레미야애가는 운문이며, 구약 성경의 1/3이 운문이다. 산문은 서술을 하고 운문은 묘사를 한다. 산문은 논리와 이해를 추구하고, 운문은 아름다움과 느낌을 지향한다. 논리는 명확해야 하지만 아름다움은 때로 모호하다. 운문이 상징과 생략과 비유와 도치와 음운 반복과 평행법을 중시하는 이유이다. 운문을 행 구분 없이 산문으로만 읽을 때, 느낌과 아름다움은 사라진 채 해석과 의미만 남기 쉽다. 산문에 산문의 문법이 있는 것처럼, 운문에는 운문의 문법이 있다. 이것이 바로 때로 사람들이 운문 읽기를 힘들어하는 이유이다.

이 책은 한글 성경을 읽으면서 히브리어 운문 분위기를 느끼고 싶은 분들을 위해 썼다. 후딱 읽어 치우지 않고 천천히 소리 내어 낭독하고 싶은 사람들을 염두에 두었다. 애가는 논리적인 산문과 달리 생략과 비유가 많은 운문이기 때문에 천천히 읽어야 가슴에 와닿는다. 필요하다면 같은 구절을 반복해서 음미하며 읽을 수도 있을 것이다. 머리로 이해하는 데 급급하지 않고, 자기 목소리에 실린 본문을 가슴으로 듣는 완독 방식이 필요하다. 애가는 오래전부터 낭독을 위한 책이었다. 유대인들은 성전이 무너진 날(아브월 9일)에 회당에 모여 애가를 낭독한다.

굳이 애가 낭독을 위한 책을 펴낸 이유가 있다. 히브리어 본문의 운율을 최대한 살려 읽게 하려는 것이다. 대부분의 한글 번역 성경은 운율을 따라 행 구분을 하지 않고 산문으로 되어있다. 운문을 운문으로 읽으려면 히브리어 구문을 따라 행 구분이 된 번역본을 읽을 필요가 있다. 그렇게 하면 운문에 사용된 평행법을 따라 읽을 수 있게 된다. 평행법은 비슷하거나 대조적인 의미의 단어 쌍, 비슷한 음운의 단어 쌍, 비슷하거나 대조적인 이미지의 단어 쌍 등을 사용하여 운율을 만드는 방식이다. 이런 방식을 통해 강약 완급의 리듬과 높고 낮음의 톤을 만들며 운율이라는 한 폭의 천을 짜게 되는 것이다. 거기에 수사법 등 문학적 기법이 더해져 완성도를 더해 간다. 이처럼 완독하는 본문을 더 잘 감상하도록 해설서가 필요하다고 생각했다. 그런 의미에서 이 책은 필자의 졸저 『성경은 낭독이다』의 후속편이라고 할 수 있다.[1] 전작에서 낭독의 이유와 방법론을 다루었다면, 이번에는 그 이론이 사용되는 실제 현장을 보여 주는 셈이다.

애가는 슬픔을 노래하는 책이다. 기원전 586년 유다 왕국의 패망과 바벨론 유배가 그 배경이라고 알려진다. 애가에서 저자는 명시되어 있지 않으며, '나'라는 1인칭 대명사를 사용하는 시인이 전쟁으로 폐허가 되어 버린 예루살렘을 슬퍼한다. 그는 어쩌다 살아남아 근근히 목숨을 부지하고 있는 자들에게 말을 건넨다. 자신이 겪었던 아픔을 소재로 생존자들과 공감대를 형성하는 것이다. 그리고 참상을 겪은 자들이 마음껏 울 수 있도록 눈물샘을 자극하는 역할을 맡는다. 한 걸음 더 나아가 슬픔을 극복하고 미래로 나아갈 수 있도록 조심스럽게 조언도 한다. 그런 의미에서 그는 장례의식에 초대받은 전문 호상꾼이자 탁월한 이야기꾼이다. 애가에서 그가 각종 비유와 아이러니를 자유자재로 사용하는 것을 보게 되는 이유이다. 애가는 한국 사회와 잘 어울린다. 전쟁의 참화를 자주 겪어 온 우리 역사는 개인의 삶에 트라우마를 안겼다. 평화 시대에도 사정은 크게 달라지지 않았다. 세월호

---

1. 김인철, 『성경은 낭독이다』, 오도스, 2022.

사건으로 희생된 꽃다운 청소년과 시민 304명의 죽음은, 유가족뿐 아니라 우리 사회 전체 구성원의 가슴에 분노와 슬픔을 남겼다. 애도하고 애도받아야 하는 유족들의 권리가 종종 정치논리에 막혀 아픔이 배가되었다. 이태원 사건으로 희생된 159명 유족들의 경우도 별반 다르지 않다. 애도하고 애도받을 권리가 정쟁의 관점으로 매도되었기 때문이다. 공감을 거부하는 자들은 망각을 강요한다.

이 책은 3부로 되어 있다. 제1부는 애가 낭독에 필요한 기본 정보들을 소개한다. 제1장은 책으로서의 애가의 성격에 대해, 제2장은 애가 낭독에 필요한 원리들을, 제3장은 필자의 애가 직역 본문을 다룬다. 제2부는 직역 애가 본문을 평행법, 문학기법, 지혜문학의 관점에서 해설했다. 특히 평행법이 본문에서 어떻게 사용되었는지 구체적으로 보여 주려고 했다. 그러면 독자들이 성경의 다른 운문들을 읽을 때 평행법을 감지할 수 있을 것이다. 불행하게도 많은 성경 독자들이 운문의 구조와 읽는 법을 소개받지 못한다. 이 책은 단순히 운문 읽기 방식을 소개하는 데 그치지 않고 애가를 한 절 한 절 읽어 나가는 데 초점을 맞추었다. 제3부는 애가 연구를 위한 참고 자료들을 실었다. 애가의 저자 문제, 자주 사용된 단어들의 색인, 관용어 사전 등이다. 애가 본문은 제1부와 제2

부에 모두 실려 있는데, 제1부에서는 각주와 해설 없이 본문의 민낯과 조우하게 했고, 제2부에서는 각종 설명들로 둘러싸여 장식된 모습으로 대하게 했다.

**제1부**

# 제1장
# 애가는 어떤 책인가

## 비탄 시와 기도문

애가는 한마디로 '뒤집어진 세상에서 부르는 노래'이다. '뒤집어진 세상'은 기존 질서가 붕괴된 환경이다. 신이 성소를 버려 적들에게 약탈당하게 하고, 요새의 성벽들이 무너져 내리고, 남녀노소를 가리지 않고 유린되며, 양육되어야 할 어린아이들이 기근으로 죽어 대가 끊기고, 어머니들은 죽은(?) 자식들을 먹거리로 삼는다. 사제, 예언자, 장로, 고관 등 사회 지도층이 사라져 재건의 희망조차 없다. 마치 뒤집혀 가라앉는 배를 다룬 영화 「포세이돈 어드벤쳐」의 한 장면과 같다.[1]

---

1. 1972년 개봉작으로 로날드 님(Ronald Neame) 감독이 메가폰을 잡고, 진 해크먼(Gene Hackman)과 어니스트 보그나인(Ernest Borgnine)

운 좋게 살아남기는 했지만, 다음 순간조차 보장되지 않는 상황이 된 것이다. 그런데 세상을 지탱하던 질서가 뒤집힌 일은 우발적인 사건이 아니었다. 애가를 노래하는 시인은 의인의 피가 흘려지는 사법 살인이 오래전부터 있어 왔음을 고백한다. 그것은 사회질서가 이미 뒤집어지고 있었음을 의미한다. 시인은 현실의 참상을 신의 진노와 징벌로 받아들인다. 문제는 뒤집어진 질서가 원래의 상태로 복구될 수 있느냐 하는 것이다. 시인은 필사적으로 기존 질서의 회복에 대해 실낱같은 희망을 붙들고 노래한다.

유대인들은 성전이 무너진 아브월 9일(음력 5월 9일) 회당에서 애가를 낭독한다. 그날에 낭독하는 이유는 애가 1:3, 11절에 나오는 것처럼 성전 파괴와 유배가 배경이기 때문이다. 어린 자녀들(1:5), 고관들(1:6), 남녀 청년들(1:18)이 끌려갔다. 이방인들이 성소에 들어가 보물을 약탈하는 장면은 기원전 586년 바벨론의 침공 사건과 잘 맞는다. 꼭 그때를 특정하지

---

등이 열연한 영화이다. 뉴욕에서 아테네로 항해하던 포세이돈호에서 새해 파티를 벌이던 300여 명의 승객들은 해저 지진으로 배가 전복되면서, 대부분 목숨을 잃은 채 소수의 생존자들만 구소된다는 줄거리이다. 생존자들이 탈출과정에서 통과하는 배의 구조는 모두 뒤집혀 있다. 가톨릭 사제 역을 맡은 주인공 진 해크먼은 낙심하고 주저앉은 소수의 승객들을 격려해서 무사히 탈출하게 만든다.

않는다 하더라도 애가는 전쟁으로 인한 참상을 생생히 묘사한다. 굶주림, 인간 사냥, 약탈, 성폭행, 무차별 학살, 지도층의 붕괴, 매장되지 못한 시신들, 성벽과 성문들의 파괴 등등. 참상을 겪은 자들의 심리상태(박탈감, 수치심, 좌절감, 분노, 죄책감, 불면증, 복수심) 등도 잘 묘사되어 있다. 심리적 공황 상태는 신의 부재(absence of God)라는 주제에서 극에 달한다. 이 주제는 근동의 여러 도시 국가들의 패망과 관련된 작품들에서 공통적으로 등장한다. 신의 부재는 정신적 기반의 붕괴를 의미하며, 신학의 재정립이라는 과제를 수행하도록 뼈저린 반성을 요구한다.

우리말 '예레미야애가'의 히브리어 제목은 '에이카'(איכה)이며, '어찌하여'라는 의문사이다. 이것이 70인역 성경에서 애가라는 의미의 헬라어 '트레노이'로 번역되었고, 라틴어 성경에서 같은 의미로 '라멘타티오네스'(Lamentationes)로 번역되었다. 애가는 청중 혹은 독자들이 슬픔에 공감하도록 특유의 운율을 밟는다. 애가에서 주로 사용된 비탄 시(키나)의 형식은 한 행이 3단어 + 2단어인 운율이다. 예를 들면 "내 눈이/눈물로/약해지며 + 내 창자가/쏟아져 나오며"(2:11) "나의 살과/가죽을/쇠하게 하시며 + 나의 뼈들을/꺾으셨고"(3:4)와 같은 것이다. 마치 노랫말이 중간에 잘려 나간 느낌을 주어, 수명을 다하지 못하고 죽은 사람을 슬퍼하는 것 같은 느낌을 준다.[2] 한 단어가 모자라는 식 말고도, 음절의 강세에 따라 슬픔과 절망감을 나타내기도 한다. 예를 들면 "어찌하여 그 도시가 홀로 앉아 있는가? 백성이 많았던 그녀가"(1:1)에서 매 단어의 첫 음절은 강세를 받고, 둘째와 셋째 음절은 약한 강세를 받는 식의 패턴이 있다. 이런 경우 장황하고 애잔한 느낌을 표현한다. 그리고 "그녀가 밤에 목 놓아 울고 또 울어"(1:2)에서 첫 번째 두 음절과 네 번째 음절은 강세를 받고, 세 번째 음절은 약한 강세를 받는 식의 패턴이 있다. 이런 경우 슬픔과 절망감을 나타낸다. 1, 2, 4장에서 주로 키나 방식을 많이 사용하고 있다. 바벨론 탈무드에서 애가의 제목을 '키노트'라고 부른 이유이다.

애가의 문학 양식은 답관체 시가이다. 1-4장까지는 비탄시(키나) 형식이 자주 나오고, 5장은 기도(테힐라)이다. 5개의 노래는 모두 히브리어 철자 22개와 같은 22연 시로 되어 있다. 답관체(acrostic)는 두운법(alliteration)과 다르다. 두운법은 단순히 단어의 머리글자 조합을 통해 운율을 나타내지만, 답관체는 머리글자를 이었을 경우 문장이 되거나, 철자법의 순서를 따른다. 애가의 경우는 후자의 답관체에 속한다. 이처

---

2. 이렇게 생략된 부분을 '소멸'(extinction)이라고 한다.

럼 히브리어 철자법을 이용한 성경은 시편 9, 10, 25, 34, 37, 111, 112, 119, 145편, 나훔 1:2-8, 잠언 31:10-31이다. 답관체가 애가에 사용된 이유는 낭송과 암기에 간편하고, 무한한 슬픔을 절제된 표현으로 묘사하기에 용이하기 때문인 것으로 보인다.

애가는 아마 처음에 곡조와 리듬을 가진 노랫말이었을 것이다. 그러다가 점차 음악적 기능이 문학적 기능 속에 용해되었던 것으로 보인다. 그리고 문학적 기능 속에 들어간 리듬과 성조는 후대에 붙여진 악센트 부호를 통해 일정 부분 재현이 가능하게 되었다. 그런데 대부분의 한글 성경으로는 운율을 살려 읽기가 불가능하다. 히브리어 구문을 따르거나 행 구분 없이 절수를 따라 산문으로 번역했기 때문이다. 그래서 히브리어 구문과 악센트를 따라 운문 형식으로 행을 복구했다. 운율을 살려 읽기 위해서이다. 그런데 운율을 살려 읽기 위해서는 눈으로만 읽는 묵독이 아니라, 소리를 내어 천천히 읽는 낭독 방식이 적합하다. 낭독의 다른 이름은 완독(玩讀)이다.[3] 낭독은 읽는 사람이나 듣는 사람에게 내용을 새기는 효과를 가져온다. 그런 의미에서 단시간에 소리 내어 빨리 읽는 통독과 다르다. 성경은 내용을 생각하며 읽는 글

---

3. 즐기면서 읽는 방식이라는 의미이다.

이라는 점에서 낭독과 어울린다. 특별히 낭독을 해야 할 글들은 운문이다. 성문서—욥, 시편, 잠언, 전도, 아가—와 대부분의 예언서가 운문으로 되어 있다. 애가를 포함해 구약 성경의 1/3이 운문이다.

## 지혜문학

애가는 지혜문학에 속한다. 애가에 나오는 시인은 초상집에 초대되어 유족과 문상객을 위로하는 '지혜로운 여인'과 같은 역할을 맡는다. 성경에는 '지혜로운 여인들'(하카모트)로 부르는 여성 지혜자들이 등장한다. 예레미야서에는 이런 구절이 나온다. "너희는 잘 알아보아라! 그래서 애곡하는 여인들을 불러라! 그들이 올 것이다//너희는 지혜로운 여인들에게 사람을 보내라! 그들이 올 것이다//"(렘 9:17). 이 구절에서 //로 나누어진 앞뒤 문장에서 "애곡하는 여인들"이 곧 "지혜로운 여인들"이라는 것을 알 수 있다. 그리고 "잘 알아보아라!"는 명령이 "사람을 보내라"는 명령과 같은 의미인 것도 알게 해준다. 지혜로운 여인들을 집단으로 지칭하는 것은 그들이 직업 소리꾼들이기 때문이다. 그들은 지혜로운 노랫말과 연주를 통해 사람들의 울음을 유도하는 동시에, 슬픔을 이겨 내도록 위로하고 격려한다. 직업 소리꾼을 장례에 부르는 풍속은 지중해 일대에 널리 퍼져 있었으며, 신약 시대에까지 이어졌던 것으로 보인다.[4] 장례식에서 지혜로운 여인들의 활동은 애가에 나오는 시인의 활약과 닮아 있다. 물론 애가의 시인은 중간에 자신을 남성으로 소개한다(3:1). 지혜로운 여인들은 장례뿐 아니라 목숨이 오가는 정치적 상황에서 전면에 기용되어 입담을 뽐내기도 했다. 드고아의 지혜로운 여인은 요압의 부탁을 받고 압살롬을 그술에서 데려오도록 다윗의 재가를 받아내는 데 성공했다(삼하 14:1-23). 벧마아가의 아벨에 살던 지혜로운 여인은 요압의 포위 공격을 중지하도록 설득해서 불필요한 살육을 막았다(삼하 20:14-22).

애가가 지혜문학에 속한다는 말은 그것이 단순히 비탄에 잠긴 사람을 위로하기 위한 조가(弔歌)나 만가(輓歌)가 아니라는 의미이다.[5] 다시 말해 불행한 현실을 넘어 더 나은 미래로

---

4. "모든 사람이 아이를 위하여 울며 통곡하매 예수께서 이르시되 울지 말라 죽은 것이 아니라 잔다 하시니"(눅 8:52).
5. 예레미야애가를 읽는 내내 평생 아우슈비츠 체험을 노래했던 파울 첼란(Paul Celan)의 시들을 떠올렸다. 그의 시들은 망자들을 위한 진혼과 살아남은 자들을 위한 상처 치유의 성격을 띤다. 그는 부모들을 수용소에서 잃고 자신은 천운으로 수용소에서 살아 나올 수 있었다. 그는 모국어이면서 동시에 살인자들의 언어인 독일어로 시를 쓸 수밖에

나아가도록 지혜를 일깨우는 글이다. 낙심하여 하나님에 대한 믿음까지 흔들리는 불행의 당사자들에게 여전히 하나님의 통치가 이어지고 있음을 알게 하는 노래인 것이다. 하나님이 무능해서 자기 백성을 보호하지 못했거나, 변심하여 자기 백성을 버린 것이 아니라는 일종의 변증문이기도 하다. 오히려 하나님이 개입했기에 비극적인 사태가 벌어졌고, 그 배후에 그의 백성들의 죄악과 완고함이 있었음을 역설한다. 하나님의 백성에게 일어난 비극적인 일은 토라에 예고된 형벌의 시행이라는 관점이다. 그러나 애가의 저자는 욥의 친구들이 그랬던 것처럼 2차 가해자 입장에서 다가가지 않는다. 그는 우선 불행당한 자에게 일어난 일을 자신의 경험에 비추어 공감하며 슬퍼한다. 마치 상담가가 내담자와 신뢰 관계를 먼저 형성하는 것과 같다. 그는 기도할 힘조차 잃어버린 당사자를 대신해서 하나님께 고통스러운 현실을 보고하며, 가해자들에게 보복해 주실 것을 탄원한다. 그런 다음 자신이 불행 당사자가 되어 하나님께 받은 징계의 아픔을 토로한다. 이때 애가의 독자 혹은 청중은 저자를 연민으로 바라보는 제3자의 입장으로 치환된다. 애가가 절정에 이르면 저자는 갑자기 상황을 반전시킨다. 생존을 위해 비굴하게 되는 것도

---

없는 고통을 평생 안고 살았다.

하나님의 징계를 순순히 받는다는 관점으로 볼 때 유익하다고 한다. 하나님의 무자비한 징계에 낙심한다고 해 놓고, 그래도 하나님의 선하심을 기대해 볼 만하다고 말한다. 하나님께서 직접 "두려워 말라"고 음성을 들려주셨다고도 한다. 마지막 단계에서는 하나님의 징계를 불러온 자기 백성의 죄가 무엇인지 고백한다. 그리고 함께 하나님께 기도하자고 권유한다. 저자와 독자가 불행의 당사자인 동시에 조상의 죄를 함께 짊어지는 입장이 되는 것이다. 그러면서 이제는 형벌이 끝났다고 선언한다. 답관체로 되어 있지 않은 마지막 장은 일종의 후기와 같다. 앞에서 노래했던 것을 반복하면서, 하나님을 경배하고 그가 구원하시기를 탄원하는 것으로 끝을 맺는다. 애가는 확실히 단순한 개인적 비탄 시가 아니라 후대의 집단을 위한 의례용이라는 느낌을 받는다. 감정적인 호소와 함께 기도와 가르침이 강조되기 때문이다. 애가는 마치 상담자를 찾아온 내담자가 몇 번의 세션을 통해 자신의 응어리진 속을 풀어내고 치유받는 과정과 매우 흡사하다. 애가를 낭독하는 현대 독자들이 트라우마 기억에 대한 치유가 일어나기를 기대해도 좋은 이유이다.

## 두 가지 지혜

애가에는 두 가지 세상이 나온다. 하나는 기존 질서가 유지되는 세상이고, 또 하나는 기존 질서가 뒤집어진 세상이다. 기존 질서가 유지되는 세상은 창조주의 섭리로 지탱되는 환경이다. 그와 달리 질서가 뒤집어진 세상은 심판자의 비상 섭리가 개입되는 환경이다. 이 2개의 세상 모두 하나님의 절대 주권을 반영한다. 뒤집어진 세상에서 볼 때 다가올 새로운 세상은 기존의 옛 질서로 돌아가는 것을 의미한다. 옛 질서는 태초 이래 정형화 된 패턴인데, 일정하게 반복되는 그 패턴을 아는 것이 지혜이다. 자연의 순환, 인과응보와 같은 것들에 대한 지혜이다. 이런 지혜를 표준적/규범적 지혜(standard wisdom)라고 부른다. 규범적 지혜는 하나님이 하시는 일을 예측하는 지혜이다. 일정한 패턴이 있기 때문에 예측이 가능하다.[6] 이런 지혜는 주로 경험을 통해 얻어지기 때문에, 나이 많은 사람을 통해 다음 세대로 전수된다. 규범적 지혜를 주로 다루는 잠언에서 부모와 노인을 공경하라고 하는 이

---

6. "그러므로 우리가 여호와를 알자 힘써 여호와를 알자 그의 나타나심은 새벽빛같이 어김없나니 비와 같이, 땅을 적시는 늦은 비와 같이 우리에게 임하시리라 하니라"(호 6:3); "그는 변함도 없으시고 회전하는 그림자도 없으시니라"(약 1:17하).

유이다. 그와 대조적으로 정형화된 패턴에 맞지 않은 일들이 일어나기도 하는데, 이것 또한 하나님이 행하시는 놀라운 일들('니플라오트')이다. 이런 것들에 대한 지혜를 성찰적/반성적 지혜(speculative wisdom)라고 부른다. 이런 지혜는 규범적 지혜로 미처 설명할 수 없는 삶의 실재를 다룬다. 예컨대 규범적 지혜에서 유익한 것의 목록에 들어가는 부, 장수, 명예, 기쁨과 같은 것들이 마냥 좋은 것들만은 아니라는 입장이다. 오히려 규범적 지혜에서 입에 올리기 꺼리는 죽음의 유익함도 거침없이 언급한다. 죽음은 모두를 평등하게 만들기 때문이라는 것이다. 그런데 성찰적 지혜는 규범적 지혜와 배치되지 않고 상호 보완적인 기능을 한다. 앞서 말한 것처럼 두 지혜 모두 하나님의 절대 주권을 인정하기 때문이다.[7]

애가를 지혜문학으로 분류하는 것은 두 종류의 지혜를 모두 사용하기 때문이다. 기존의 질서가 뒤집어지고, 패턴이 끊어진 세상에서 시인은 규범적 지혜와 성찰적 지혜를 함께 이야기한다. 규범적 지혜의 대표적인 주제는 인과응보이다. 여호와는 유다가 거역한 벌로 원수에게 압제당하게 하셨다

---

7. 두 가지 지혜에 대해 더 알기 원한다면 송민원, 『지혜란 무엇인가』, 감은사, 2021, 25-30; 송민원, 『더바이블 전도서』, 감은사, 2023, 19-30을 참고하라.

(1:5, 14, 22). 예루살렘이 적들에게 유린당한 것은 사제들과 예언자들이 그 도시 안에서 의인들의 피를 흘렸기 때문이다(4:12-13). 여호와께 반역했기 때문에 고통과 죽음을 당했다(1:18, 20×2; 3:42). 그러므로 여호와께 돌아갈 길을 찾고, 전심으로 그에게 기도해야 한다(3:40-41). 왜냐하면 그의 자비와 긍휼 때문에 몰살당하지 않았고, 그의 성실하심이 아침마다 새롭기 때문이다(3:22-23). 그리고 여호와의 통치는 태초부터 대대로 영원하다(5:19). 즉, 하나님의 성품과 주권이 유지되고 있기 때문에 회개하면 살 수 있다는 것이다. 더 나아가 시인은 옛 질서가 회복되는 새날들로 돌아가도록 여호와 자신들을 돌아가게 해 달라고 호소한다(5:21).

애가에서 말하는 성찰적 지혜의 대표적인 주제는 고통의 감내이다. 규범적 지혜에서는 좋은 단어가 아닌 자루 옷(2:10), 눈물(2:18), 수치(3:30), 흙먼지(2:10; 3:29), 멍에(3:27), 뺨 맞음(3:30), 홀로 있음(3:28), 애곡(5:15)이 애가에서 유익한 것으로 묘사된다. 여기서 자루 옷을 입는 것과 흙먼지를 뒤집어 쓰는 것이나 입술을 대는 것과 애곡하는 것은 모두 장례식과 관계되어 있다. 그런데 애가의 저자는 거기에 소망이 있다고 말한다(3:29).[8] 젊어서 멍에를 메는 것이 사람에게 마땅하다고

---

8. 전도서 저자가 "초상집에 가는 것이 잔칫집에 가는 것보다 나으니…

말하고(3:27), 뺨을 맞아서 수치로 배를 채우라고 조언한다(3:30). 밤낮으로 눈물이 급류처럼 흘러내리게 하라고도 말한다(2:18). 홀로 침묵하며 있어야 하는 이유도 주께서 메게 하셨기 때문이라고 한다(3:28). 이 모든 것은 하나님의 주권 아래 일어나는 일이며, 징벌로서의 고통을 감내하는 것이야말로 마땅한 도리라는 것이다.

그렇다면 무엇을 근거로, 뒤집어진 세상이 옛 질서를 회복할 수 있다고 믿을 수 있는 것일까? 노아 시대에 홍수가 끝나고 옛 질서를 회복하는 과정을 보면 그 답을 찾을 수 있다. 노아 홍수는 하늘 위의 물과 심연의 물로 분리되었던 창조의 질서가 뒤집어지면서 일어난 사건이다. 모든 포유류는 죽었고, 농작물은 파괴되었다. 그런데 그 무질서와 혼돈이 다시 뒤집어지고 창조 질서가 회복되었던 것이다.[9] 시인은 마치 노아 시대의 홍수가 끝났듯이 유다의 형벌과 유배도 끝났음을 깨닫는다.[10]

---

지혜자의 마음은 초상집에 있으되 우매한 자의 마음은 혼인집에 있느니라"(전 7:2, 4)고 성찰적 지혜를 설파한 것과 같다.
9. "땅이 있을 동안에는 심음과 거둠과 추위와 더위와 여름과 겨울과 낮과 밤이 쉬지 아니하리라"(창 8:22).
10. "네 형벌이 끝났다 딸 시온아/그가 다시는 유배당하지 않게 하실 것이다//"(4:22).

구약 학자 존 H. 왈튼(John H. Walton)은 하나님의 천지 창조를 기능적 관점에서 설명했는데,[11] 아래의 도표가 보여 주는 것처럼 뒤집어진 세상의 회복은 정확히 창조의 역순이다.

|  | 순서 | | |
| --- | --- | --- | --- |
|  | 첫째 날/넷째 날 | 둘째 날/다섯째 날 | 셋째 날/여섯째 날 |
| 창조 | 빛/해, 달, 별 | 하늘/새와 물고기 | 땅과 식물/동물과 사람 |
|  | 시간의 창조 | 기후/조류 어류의 창조 | 먹거리의 창조 |
|  | 첫째 단계 | 둘째 단계 | 셋째 단계 |
| 회복 | 심음과 거둠 | 추위와 더위/여름과 겨울 | 낮과 밤 |
|  | 먹거리의 회복 | 기후의 회복 | 시간의 회복 |

애가의 핵심 구절은 3:22-23이다. 불행당한 슬픔을 미래의 소망으로 승화시키고 있기 때문이다. 뒤집어진 세상에서 옛 질서가 복구되는 새 세상을 바라보게 하는 구절들이다.

22(ㄷ) 1 우리가 망하지 않는 것은 아도나이의 자비이다/

2 **그**의 긍휼 때문에 우리가 끝장나지 않는다//

23(ㄷ) 그것들이 아침마다 새롭습니다/

**당신**의 진실이 풍성합니다//

---

11. 존 H. 왈튼, 김인철 역, 『창세기 1장의 잃어버린 세계』, 그리심, 2011, 89-90.

# 제2장
# 애가를 어떻게 낭독할 것인가

애가를 낭독하는 것은 시를 낭송한다는 말과 다르지 않다. 시는 산문과 달리 설명보다 묘사에 치중한다. 설명에서 정교한 논리가 중요하다면, 묘사에서는 리듬과 이미지가 중요하다. 애가는 경전이자 시이다. 경전은 진리를 추구하고, 시는 아름다움을 지향한다. 진리는 명확해야 하고, 아름다움은 모호해야 한다. 시적 언어는 생략, 함축, 상징, 비유를 사용한다. 애가가 육하원칙에 따른 사실관계 진술에 치중하지 않는 이유이다. 이를테면 1장에서 1인칭으로 말하는 사람이 불행 당사자인지, 제3자인 시인인지도 분명하지 않다. 애가는 독자가 궁금해하는 모든 것에 답을 주지 않으며, 심지어 상반되는 주장들을 펴기도 한다. 애가가 명확히 말하지 않는 것을 유추하는 것은 바람직하지 않다. 단어와 절의 이해보다 중요한 것은 상황과 맥락이 주는 느낌이다. 따라서 애가를 문자적으로 머리로만 해석하려 들지 말고, 맥락이라는 큰 그림으로 가슴으로도 느끼는 것이 중요하다. 애가의 이런 특징을 이해하기 위해 평행법을 살펴볼 필요가 있다.

## 평행법/대구법(parallelism)으로 낭독하기

운문을 낭독할 때는 크게 두 가지만 생각해도 된다. 하나는 끊어 읽기이고, 또 하나는 이미지 떠올리며 읽기이다. 그리고 끊어 읽기와 이미지로 읽기는 모두 평행법/대구법으로 연결된다. 평행법이란 운문의 가장 중요한 특징이다. 단어와 단어 혹은 구절과 구절의 평행을 통해 운율을 만드는 방식인 것이다.[1] 평행은 통사와 통사, 의미와 의미, 음운과 음운, 이미지와 이미지의 반복 혹은 대조를 통해 만들어진다. 다음 구절들에서 각각의 예를 찾아본다.

---

1. 심지어 신구약 성경의 산문에서도 평행법은 광범위하게 사용되었다. 복음서에서 평행법이 어떻게 사용되었는지 알기 원하면 케네스 E. 베일리, 오광남 역, 『중동의 눈으로 본 예수님의 비유』, 이레서원, 2017을 읽어보라.

### 1) 통사의 평행

1:1 '라바티 하암'(백성이 많았다)/

'라바티 바고임'(나라들 중에 컸다)—**형용사+명사**

'하이타 케알마나'(과부 같다)/

'하이타 라마스'(강제노역자가 되었다)—'**하야**' **동사+명사**

### 2) 의미의 평행

—**동의 평행법**(synonymous parallelism): 첫 번째 행의 개념을 두 번째 행에서 다른 단어를 사용하여 반복한다. 두 행이 동일한 의미이기 때문에 당연히 해석도 같아야 한다.

2:6 '봐야흐모스'(그가 짓밟았다)/'샤하트'(그가 짓뭉개 버렸다)

'쑤코'(자기의 장막)/'모아도'(자기의 정한 처소)

2:13 네게 무엇을 가르치며 무엇에 비유하겠는가?

딸 예루살라임아!/

너를 무엇과 비교하며 위로할 수 있겠는가?

딸 찌온의 처녀야!//

—**반의 평행법**(Antithetic Parallelism): 두 번째 행이 첫째 행과 대조를 이룬다.

4:22 네 형벌이 끝났다 딸 찌온아,/

그가 다시는 유배당하지 않게 하실 것이다//

네 형벌을 헤아리신다 딸 에돔아,/

그가 네 죄악을 드러내실 것이다//

**—종합 평행법**(Synthetic Parallelism): 두 번째 행이 첫 번째 행에 새로운 개념을 더해 논리적인 결론을 이끌어 낸다. 대개 '왜'라는 질문을 제기할 수 있고, 두 번째 행이 개념을 완성한다.

3:28 홀로 앉아 침묵하기 바란다/

그가 짐지우셨기 때문이다//

3:29 흙먼지에 입을 대기 바란다/

어쩌면 소망이 있을지도 모른다//

4:21 즐거워해라! 기뻐해라! 딸 에돔아,/

우쯔 땅에 사는 자야//

잔이 네게도 이를 것이니/

네가 취하여 벌거벗을 것이다//

**—상징적 평행법**(Emblematic Parallelism): 한 행은 직설적인 서

술이고, 다른 행은 수사법적 표현이며, 직유와 은유를 많이 쓴다.

   1:4    찌욘으로 가는 길이 애곡한다
           정한 때에 오는 자들이 없기 때문이다/
   1:6    고관들은 사슴들처럼 되었다
           초장을 찾지 못한/
           그들이 힘없이 걸어 갔다
           뒤쫓는 자 앞에서//

**—점층 평행법**(Climactic Parallelism): 동의 평행법과 종합 평행법을 합친 것이다. 개념이 반복되면서 점점 심화된다.

   2:13   네게 무엇을 가르치며 무엇에 비유하겠는가?
           딸 예루샬라임아!/
           너를 무엇과 비교하며 위로할 수 있겠는가?
           딸 찌욘의 처녀야!//
           너의 산산조각 남이 바다처럼 넓으니
           누가 너를 치유하겠는가?//

—**교차 평행법**(Chiastic Parallelism): 첫 행과 마지막 행, 둘째 행과 끝에서 둘째 행 등이 평행이 되고, 중간에 있는 행이 가장 큰 비중을 차지한다.

   2:2, 3
   2:2(ㅁ) A. 주께서 아낌없이 삼켜 버리셨다
          야아콥의 모든 초장들을/
        B. 그가 진노로 넘어뜨리셔서
           딸 예후다의 요새들을 땅에 닿게 하셨다//
          C. 그가 왕국과 고관들을 모욕하셨다//
   2:3(ㄱ)      C'. 그가 맹렬한 진노로 자르셨다
           이스라엘의 모든 뿔을/
        B'. 그가 오른손을 뒤로 거두어들이셨다
         원수 앞에서//
    A'. 그가 야아콥을 먹어 치우셨다
       타오르는 불이 사방을 삼키듯//


### 3) 음운의 평행
   1:20 '키-짜르-리'(내게 고통이 있기 때문이다)
       '키 마로 마리티'(내가 정녕 반역했기 때문이다)—i-r-i 반복

2:6 '모아도'(자기의 정한 처소)/'모에드'(정한 때)—m-o-y-d 반복

4:7 '자쿠 미쉘레그'(눈보다 눈부시다)/

'짜후 메할라브'(우유보다 희다)—a-u-m-l 반복

### 4) 이미지의 평행

2:19 '쿠미'(일어나라) '쉬프키'(쏟아부어라) '쓰이'(들어올려라) '아뚜핌'(젖히다)—방향: 위로, 아래로, 위로, 아래로

3:10 '도브 오레브'(숨어 기다리는 곰)/'아리이 베미스타림'(엄폐물 속의 사자)—사냥감을 기다리는 맹수

4:7 '자쿠 미쉘레그'(눈보다 눈부시다)/'짜후 메할라브'(우유보다 희다)—색깔과 밝기

### 5) 언어유희(word play)

평행법은 아니지만 비슷한 음운이나 이미지를 대비시켜 전달하고자 하는 주제를 표현하는 방식이다.

1:15 '가트'(포도주 틀)와 '바트'(딸)는 음운 대조를 통한 언어유희이다.

4:8 '샤하크 미샤호르'(숯보다 어두워졌다)—색깔과 소리(shahak/shachor)가 닮았다.

'알 아쯔마'(뼈에)/'카에쯔'(막대기처럼)―뼈와 막대기는 모양과 소리(y-tz-m)가 닮았다.

## 끊어 읽기

원문을 번역하는 과정에서 통사와 음운의 평행을 살리기는 어려워도, 의미와 이미지의 평행을 살려 내기는 그다지 어렵지 않다. 맛소라 학자들이 만든 악센트가 끊어 읽기 원칙을 안내해 주기 때문이다. 여기서 끊어 읽기는 이미 운문 속에 들어 있는 평행이 일어나도록 리듬을 만드는 작업이다. 그 작업의 핵심은 행과 연의 구분이다. 행 구분은 맛소라 사본의 분리 악센트를 따라, 연 구분은 절의 나누어짐을 따랐다. 하지만 3장의 경우 히브리어 철자 하나가 3절씩 이어진다. 그래서 절을 중심으로 연 구분을 하되, 3절이 하나의 연을 이루고 있는 경우는 자세한 설명을 붙였다. 다시 말해 끊어 읽기란 평행이 일어나도록 저자가 잘라 놓은 문장 단위로 읽는 것이다. 맛소라 학자들은 모음 부호를 통해 음가를 표시하고, 분리-연결 악센트를 통해 끊어 읽어야 할 위치를 표시했다. 특히 매 절을 두 부분으로 나누는 에트나흐타(1급 악센트)

는 문장 해석의 결정적 역할을 한다. 물론 각종 악센트의 위치는 기원후 8세기 맛소라 학자들의 읽기 방식에 따른 것이다. 그렇다고 해도 선대부터 읽어 온 그들의 전통적 관점을 무시할 수도 없다. 더구나 한글 성경은 맛소라 사본을 대본으로 한 번역본이다. 이 책에서는 끊어 읽을 부분을 (/) 혹은 (//)로 표시했다. 대개 (/)는 2급 악센트가 붙은 자리이고, (//)는 1급 악센트가 붙은 자리이다. 운문 낭독의 묘미를 살리기 위해 히브리어 구문의 도치법대로 끊어 읽을 위치를 표시했다. (/)로 표시된 부분에서는 가볍게 숨을 멈추는 쉼표 정도로 끊고, (//)로 표시된 부분에서는 마침표 정도로 끊으면 될 것이다. 끊어 읽기 표시가 없는 부분에서, 단어와 단어 사이는 짧게라도 끊어 읽어야 한다. 행 구분이 되어 있는 도치법 문장은 끊어 읽기를 길게 가져가면 안 된다. 새로운 문장처럼 들릴 수 있기 때문이다. 그런데 평소에 몇 개의 단어들을 붙여 말하는 사람은 끊어 읽기가 어렵게 느껴질 수 있다. 말하기와 읽기는 동전의 양면과 같다. 끊어 읽기를 하다 보면 남들이 알아듣기 쉽게 말하는 습관도 가질 수 있다. 끊어 읽기의 다른 이름은 붙여 읽기이다. 끊어짐은 또 다른 이어짐을 위한 장치이기 때문이다. 단어와 단어 사이, (/)와 (//) 사이를 끊는 시간의 길이가 운율을 만든다. 잘 훈련된 사람이 시를 낭송할 때 청중이 느끼는 청각적 아름다움은 바로 운율이다. 거기에 제대로 된 호흡과 발성까지 더해진다면 아름다움은 배가될 것이다.

## 이미지 떠올리며 읽기

히브리어는 관념어를 사용하여 추상적으로 설명하기보다, 이미지 언어를 사용하여 회화적으로 묘사한다. 성경에 나오는 주요 단어들이 어떤 이미지를 가지고 있는지 아는 것은 매우 중요하다.[2] 애가도 예외가 아니다. 수많은 이미지와 이미지의 연결을 통해 이야기가 전개된다. 애가를 천천히 낭독하면, 마치 영상을 보는 것처럼 수많은 장면들을 상상할 수 있다. 아니, 애가가 묘사하는 장면들을 떠올리기 위해 천천히 낭독할 수밖에 없다. 만약에 우리가 애가에 나오는 성서 시대의 이미지들을 잘 안다면 우리 시대의 것으로 대체해서 상상할 필요가 없을 것이다. 하지만 만약 그렇지 않다면 이

---

2. 자세한 것은 Othmar Keel, *The Symbolism of The Biblical World-Ancient Near Eastern Iconography and the Book of Psalms*, Eisenbrauns, 1997을 참고하라.

미지 하나하나를 성서 시대에 맞게 되살려야 한다. 이미지로 떠올리며 읽기의 실제는 제2부에서 애가 본문 해설을 통해 살펴보기로 한다.

## 실제적 낭독 팁

1. 감정을 넣지 말고 발음에 유의하여, 단어 단위로 또박또박 한 장을 읽는다.
2. 단어들의 이미지에 유의하여 같은 장을 행 단위로 다시 한번 읽는다. 이미지는 모양, 크기, 색깔, 동작, 의미 정보를 전달한다. 이 책에는 매 장에 나오는 이미지들을 찾아 놓았다.
3. 끊어 읽기와 수사법에 유의하여 같은 장을 연 단위로 다시 한번 읽는다. 끊어 읽기는 히브리어 분리 악센트에 대한 (/) 혹은 (//) 표시와, 한글 어순에 따라 끊어 읽으면 된다.
4. 평행법을 찾으며 같은 장을 단락 단위로 읽는다.
5. 자신이 원독자의 입장이 되어 저자의 목소리에 귀를 기울이며 같은 장을 장 단위로 읽는다.

6. 낭독하는 본문의 사본에 위의 관점들을 메모하여 낭독 대본을 만든다.
7. 낭독 대본을 사용해서 완급과 강약의 리듬을 따라, 자신의 내면에서 우러나오는 감정을 따라 모든 장을 읽는다.

# 제3장
# 낭독 애가 본문

## 애가 1장

1(א)   어찌하여 그 도시가 홀로 앉아 있는가?

　　　백성이 많았던 그녀가/

　　　과부 같은가?//

　　　나라들 중의 큰 자였는데!

　　　여러 지방 중의 공주가/

　　　강제 노역자가 되었는가?//

2(ב)   그녀가 밤에 목 놓아 울고 또 울어

　　　눈물이 뺨을 적셔도/

　　　그녀를 위로하는 자 아무도 없다

　　　그녀를 사랑하던 자들 누구도//

　　　　　알고 지내던 모두가 배신했고

　　　　　그녀에게 원수들이 되었다//

3(ㅈ)　예후다가 유배되었다

　　　　　환난과 많은 노역을 위해/

　　　　　그녀가 여러 민족 중에 살면서

　　　　　쉴 곳을 찾지 못한다//

　　　　　뒤쫓는 모두가 그녀를 따라잡았다

　　　　　막다른 곳에서//

4(ㄱ)　찌욘으로 가는 길이 애곡한다

　　　　　정한 때에 오는 자들이 없기 때문이다/

　　　　　모든 성문이 황폐하고

　　　　　사제들이 목메어 운다//

　　　　　처녀들이 괴로워하고

　　　　　그녀는 쓰라리다//

5(ㄱ)　그녀의 적들이 머리가 되고

　　　　　원수가 잘나간다/

　　　　　아도나이께서 그녀를 괴롭혔기 때문이다

　　　　　그녀의 많은 거역으로 인해//

　　　　　그녀의 어린아이들이 포로로 걸어갔다

　　　　　적의 앞으로//

6(ו)    딸 찌욘으로부터 떠나갔다

         모든 화려함이//

         고관들은 사슴들처럼 되었다

         초장을 찾지 못한/

         그들이 힘없이 걸어갔다

         뒤쫓는 자 앞에서//

7(ז)    예루샬라임이 떠올린다

         환난과 방랑의 날들에/

         옛날부터 있었고

         탐스러워하던 모든 것들을//

         백성이 적의 손에 쓰러질 때

         아무도 돕지 않았고/

         적들이 그녀를 보고

         그녀의 절멸을 비웃었다//

8(ח)    예루샬라임이 더러워지고 더러워졌다/

         그러므로 그녀가 불결하게 되었다//

         공경하던 모두가 업신여긴다/

         왜냐하면 그들이 그녀의 하체를 보았고/

         그녀도 목메어 울며 뒤로 물러났기 때문이다//

9(ט)    그녀의 치마 속에 부정함이 있지만

그녀는 다가올 일을 생각할 수 없었다/

그녀가 내려앉은 것은 놀라운 일인데

위로하는 자 아무도 없다//

보십시오! 아도나이시여, 제 환난을

원수가 잘난 척합니다//

10(ㅈ)  적이 손을 내뻗었습니다

그녀의 탐스러운 모든 것들에//

그녀가 보았습니다

나라들이 성소에 들어간 것을/

**당신**께서 명령하셨는데

그들은 **당신**의 총회에 들어올 수 없다고//

11(ㅋ)  그녀의 모든 백성이 목메어 웁니다

그들이 양식을 구하는 때에/

탐스러운 것들을 양식과 바꾸었습니다

목숨을 돌이키려고//

보십시오! 아도나이시여, 굽어살피십시오

제가 비천해졌기 때문입니다//

12(ㄹ)  길을 지나가는 너희 모두에게는 아무것도 아닌지/

살펴보아라! 보아라!

내게 호되게 다루어진

내 아픔과 같은 아픔이 있는지//

아도나이께서 괴로워하게 하신

그의 맹렬한 진노의 날에//

13(ㅁ) 높은 데서 그가 내 뼈에 불을 내던지시고 짓밟으셨다//

그가 내 발을 향해 그물을 펼쳐

내가 뒤로 물러가게 하셨다/

그가 나를 폐허로 두시고/

종일 쇠약하게 하셨다//

14(ㄴ) 내가 거역한 일들이 멍에로 묶어졌다

그의 손으로 꽁꽁 엮으셨다/

그것들이 내 목 위에 있어서

나로 힘쓸 수 없게 하셨다//

내 주께서 나를 넘기셨다

내가 맞설 수 없는 자들의 손에//

15(ㅇ) 내 주께서 내 모든 용사들을 대수롭지 않게 보셨다/

그가 내게 정한 때를 선포하셨다

내 젊은이들을 쳐부수기 위해//

내 주께서 포도주 틀을 밟으셨다

딸 예후다의 처녀를 향해//

16(ㅍ) 이것 때문에 내가 목 놓아 울어

내 눈이, 내 눈이 눈물 흘린다/

위로하는 자가 내게서 멀기 때문이다

내 목숨을 돌이킬 자가//

내 아들들이 황폐하다/

원수가 막강하기 때문이다//

17(ㅁ) 찌욘이 두 손을 내뻗었지만

위로하는 자 아무도 없다/

아도나이께서 야아콥에 맞서 명령하셨다

그의 이웃이 적이 되도록//

예루샬라임이 그들 사이에서 불결한 것이 되었다//

18(ㅳ) 아도나이 그는 의로우시다

내가 그의 말씀에 반역했기 때문이다//

제발! 들어라! 모든 민족들아,

보아라! 내 아픔을/

내 처녀들과 내 청년들이

포로로 걸어갔다//

19(ㄹ) 내가 내 사랑하는 자들을 불렀지만

그들이 나를 떠나 버렸다/

내 사제들과 장로들이

도시 안에서 숨을 거두었다//

그들이 양식을 구하는 동안

목숨을 돌이키려고//

20(ר) 보십시오! 아도나이시여, 제게 고통이 있을 때

제 창자가 들끓습니다/

심장이 제 안에서 뒤집어지는 것은/

제가 정녕 반역했기 때문입니다//

길거리에는 칼로 인한 사별이 있고

집 안에는 죽음과도 같은 것이 있습니다//

21(ש) 제가 목메어 우는 것을 듣지만

아무도 저를 위로하지 않으며/

모든 원수가 저의 재앙을 듣고 즐거워합니다/

**당신**께서 행하신 그것을//

**당신**께서 선포하신 날을 오게 하셔서

그들도 저처럼 되게 해 주십시오//

22(ת) 그들의 모든 악행이 **당신** 앞에 올 것입니다

그들을 호되게 다루십시오!/

제 모든 거역 때문에

**당신**께서 저를 호되게 다루신 것처럼//

저의 탄식이 많아지면서

제 심장이 쇠약하기 때문입니다

## 애가 2장

1(א)   어찌하여 진노의 구름으로 덮으셨는가?

주께서 딸 찌욘을/

하늘에서 땅으로 내던지셨는가?

아름다운 이스라엘을//

그가 발판을 기억하지 않으셨는가?

그의 진노의 날에//

2(ב)   주께서 아낌없이 삼켜 버리셨다

야아콥의 모든 초장들을/

그가 진노로 넘어뜨리셔서

딸 예후다의 요새들을 땅에 닿게 하셨다//

그가 왕국과 고관들을 모욕하셨다//

3(ג)   그가 맹렬한 진노로 자르셨다

이스라엘의 모든 뿔을/

그가 오른손을 뒤로 거두어들이셨다

원수 앞에서//

그가 야아콥을 먹어 치우셨다

타오르는 불이 사방을 삼키듯//

4(ד)   그가 원수같이 활을 당기시고

적처럼 오른손을 준비시켜/

그가 쳐 죽이셨다/

눈에 탐스러운 모든 자들을//

딸 찌욘의 장막에

그가 불 같은 진노를 쏟아부으셨다//

5(ㄲ) 주께서 원수같이 되셔서

이스라엘을 삼키셨고/

그가 모든 궁전을 삼키고

요새들을 짓뭉개 버리셨다//

그가 딸 예후다에 많아지게 하셨다/

슬픔 위에 슬픔이//

6(ㄱ) 그가 **자기** 장막을 동산처럼 헐어 버리시고/

**자기**의 정한 처소를 짓뭉개 버리셨다//

아도나이께서 잊게 하셨다

찌욘에서 정한 때와 안식일이/

**자기** 코의 진노로써 경멸하셨다/

왕과 사제를//

7(ㄱ) 주께서 **자기** 제단을 혐오하시고

**자기** 성소를 거부하셨다/

원수의 손으로 닫게 하셨다/

궁전들의 성벽들을//

그들이 아도나이의 집에서 떠들었다

정한 때의 날처럼//

8(ㅁ) 아도나이께서 짓뭉개려 계획하셨다

딸 찌욘의 성벽을/

그가 줄을 튕기시고

삼켜 버리는 일에서 손을 거두지 않으셨다//

그가 외벽과 내벽으로 애곡하게 하시니

그것들이 함께 부스러졌다//

9(ㄴ) 성문들이 땅으로 내려앉는다/

그가 빗장들을 꺾고 부숴 버리셨다//

왕과 고관들이

토라가 없는 열방에 있고/

예언자들도/

아도나이의 계시를 만나지 못한다//

10(ㅅ) 땅에 앉아 침묵한다

딸 찌욘의 장로들이/

흙먼지를 머리에 끼얹고/

자루 옷을 허리에 둘렀다//

그들의 머리를 땅에 처박았다/

예루샬라임의 처녀들이//

11(ㄷ) 내 두 눈이 눈물로 끝장나고 창자가 들끓고/

간이 땅에 쏟아졌다/

딸 내 백성의 산산조각 남 때문이다//

어린아이와 젖먹이가 고개를 떨굴 때/

도시의 광장에서//

12(ㅎ) 그들이 어머니에게 묻는다/

곡식과 포도주가 어디 있어요?//

칼에 찔린 자처럼 그들이 고개를 떨굴 때/

도시의 광장에서/

그들의 숨을 쏟아부을 때/

어머니의 품으로//

13(ㅁ) 네게 무엇을 가르치며 무엇에 비유하겠는가?

딸 예루샬라임아!/

너를 무엇과 비교하며 위로할 수 있겠는가?

딸 찌욘의 처녀야!//

너의 산산조각 남이 바다처럼 넓으니

누가 너를 치유하겠는가?//

14(ㅈ) 예언자들이 너에 대해 환상을 보았다

거짓되고 달콤한 것을/

그들이 네 불의를 드러내지 못하였다

네 포로가 돌아오도록//

그들이 너에 대해 환상을 보았다

거짓되고 망하게 하는 것을//

15(ㅇ) 길을 지나가는 모든 사람이

너를 향해 손뼉을 치고/

야유하며 머리를 흔든다

딸 예루샬라임에 대해//

이것이 그렇게 일컫던 도시란 말인가?

완벽한 아름다움/

온 세상의 기쁨이라고//

16(ㅍ) 네 모든 원수들이

너를 향해 입을 벌린다/

그들이 야유하고 정녕 이를 간다/

"우리가 그녀를 삼켰다!"라고 말한다//

"진정 바로 오늘이다

우리가 기다렸고, 만났고, 보았다"//

17(ㅊ) 아도나이께서 행하셨다

그가 계획하고 정하신 말씀을/

그가 옛적부터 명령하시던 것을/

그가 아낌없이 넘어뜨리셨다//

원수들로 너 때문에 기뻐하게 하시고/

그가 네 적들의 뿔이 높아지게 하셨다//

18(צ) 사람들의 심장이 주께 부르짖는다//

딸 찌욘의 성벽아

밤낮으로 눈물이 급류처럼 흐르게 해라!/

네게 휴식을 주지 말기 바란다/

네 눈의 딸도 침묵하게 하지 말기 바란다//

19(ק) 일어나라! 울부짖어라! 밤중에

야간 경계가 시작될 때/

쏟아부어라! 네 심장을 물처럼

주의 얼굴 앞에서//

네 두 손바닥을 들어 올려라! 그를 향해

네 어린아이들의 목숨을 위해/

모든 길거리 모퉁이에서

굶주려 고개를 떨군//

20(ר) 보십시오! 아도나이시여, 살펴보십시오

누구를 이처럼 호되게 다루셨는지요?//

여인들이 그들의 열매들을 먹어야만 합니까?

그들이 손으로 어르던 어린아이들을/

　　　　　사제와 예언자가 쳐 죽임을 당해야 합니까?

　　　　　주의 성소에서//

21(ש)　　길거리에서 땅에 엎드러졌습니다

　　　　　젊은이와 노인이/

　　　　　저의 처녀들과 청년들이

　　　　　칼에 쓰러졌습니다//

　　　　　**당신**의 진노의 날에 쳐 죽이셨습니다

　　　　　아낌없이 도살하셨습니다//

22(ת)　　정한 때의 날처럼 부르셨습니다

　　　　　사방으로부터 저의 두려움들을/

　　　　　아도나이의 진노의 날에

　　　　　아무도 도망가거나 살아남지 못했습니다//

　　　　　제가 낳아 기르는 자들을

　　　　　제 원수가 끝장내 버렸습니다//


# 애가 3장

1(א)　　　나는 환난을 본[1] 바로 그 남자이다/

---

1.　겨은

그의 진노의 막대기로//

2(א)　그가 나를 내몰아 걷게 하셨다

　　　빛이 없는 어둠 속을//

3(א)　진정 그는 나를 자꾸자꾸 넘어지게 하신다

　　　하루 종일 그의 손으로//

4(ב)　그가 내 살과 가죽을 닳게 하셨고/

　　　내 뼈를 부숴 버리셨다//

5(ב)　그가 내 위에 쌓고 두르셨다

　　　독초와 같은 고난을//

6(ב)　은밀한 장소에 그가 나를 주저앉히셨다

　　　죽은 지 오래된 자처럼//

7(ג)　그가 나를 둘러막아 내가 빠져나가지 못하는데

　　　내 쇠사슬을[2] 무겁게 하셨다//

8(ג)　내가 부르짖고 소리치려 해도/

　　　그가 내 기도를 막으셨다//

9(ג)　그가 다듬은 돌로 내 길들을 둘러막았고/

　　　오솔길들을 뒤틀어 버리셨다//

10(ד)　그는 나를 숨어 기다리는 곰이시며/

　　　엄폐물 속의 사자이시다//

---

2.　청동 사슬을

11(ㄱ)  그가 내 길을 빗나가게 하시고

 나를 갈갈이 찢어 폐허로 두셨다//

12(ㄱ)  그가 활을 당기고 나를 세워 놓으셨다/

 화살의 과녁이라도 되는 듯//

13(ㄱ)  내 콩팥을 뚫으셨다/

 그의 화살통의 화살들로//

14(ㄱ)  나는 모든 백성에게 웃음거리가 되었다/

 온종일 그들의 노래가[3]//

15(ㄱ)  그가 나를 쓴 채소들로 배 채우게 하시고

 쑥으로 목을 축이게 하셨다//

16(ㄱ)  그가 자갈돌로 내 이빨들을 으깨시고/

 재를 뒤집어쓰게 하셨다//

17(ㄱ)  **당신**께서 제 목숨의 온전함을 거부하시니

 제가 좋은 것을 잊었습니다//

18(ㄱ)  그래서 나는 말한다. "내 힘이 바닥났다/

 아도나이에 대한 소망도"//

19(ㄱ)  기억하십시오! 저의 정처없음과 환난을

 독한 쑥을//

20(ㄱ)  제가 생각하고 생각해 봅니다/

---

3. 노래가

그래서 제가 좌절이 됩니다//

21(ᵀ) 이것을 제가 심장에 되돌립니다

그러므로 저는 기다릴 수 있습니다//

22(ᴍ) 우리가 망하지 않는 것은 아도나이의 자비이다/

그의 긍휼 때문에 우리가 끝장나지 않는다//

23(ᴍ) 그것들이 아침마다 새롭습니다/

**당신**의 진실이 풍성합니다//

24(ᴍ) 아도나이가 나의 상속물이라고 내 목숨이 말했다/

그러므로 나는 **그**를 기다린다//

25(ᵗ) 아도나이는 **그**를 기대하는 자에게 선하시다/

그를 찾는 사람에게//

26(ᵗ) 참아 기다리며 침묵함이 마땅하다/

아도나이의 구원을//

27(ᵗ) 사람에게 마땅하다/

젊었을 때 멍에를 메는 것이//

28(ᵎ) 홀로 앉아 침묵하기 바란다/

그가 짐 지우셨기 때문이다//

29(ᵎ) 흙먼지에 입을 대기 바란다/

어쩌면 소망이 있을지도 모른다//

30(ᵎ) 때리는 자에게 **뺨**을 내주어야 한다

수치로 배를 채워야 한다//

31(ㄷ) 내쫓지 않으시기 때문이다

나의 주가 영원히//

32(ㄷ) 단지 괴로워하게 하실 뿐/

풍성한 자비를 따라 그가 불쌍히 여기신다//

33(ㄷ) 그가 진심으로 고생시키지 않고/

사람의 아들들을 괴롭게 하지도 않으시기 때문이다//

34(ㅎ) 발 아래 밟는 것은/

세상의 모든 갇힌 자를//

35(ㅎ) 사람의 재판을 치우치게 하는 것은/

엘리욘의 얼굴 맞은편에서//

36(ㅎ) 송사에서 사람을 억울하게 하는 것은/

내 주께서 보아 넘기지 않으신다//

37(ㅁ) 내 주께서 명령하지 않으셨다면/

말씀하여 이루는 분이 누구란 말인가?//

38(ㅁ) 엘리욘의 입에서 나오지 않는가?/

재앙과 복이//

39(ㅁ) 살아 있는 사람이 왜 불평하는가?/

자신의 형벌에 대해//

40(ㄴ) 우리의 길들을 뒤지고 조사하자/

아도나이께로 돌아가기 위해//

41(ㄴ) 우리의 심장을 두 손바닥으로 들어 올리자/
하늘에 계신 엘을 향해//

42(ㄴ) 우리가 거역하고 반역했기에/
**당신**께서 용서하지 않으셨습니다//

43(ㅇ) 진노로 **당신**을 가리시고 우리를 뒤쫓으시며/
아낌없이 쳐 죽이셨습니다//

44(ㅇ) 구름으로 **당신**을 가리셔서/
기도가 지나가 버리게 하셨습니다//

45(ㅇ) 우리를 쓰레기와 폐기물로 만드셨습니다
민족들 가운데서//

46(ㅍ) 우리에 대해 입을 벌립니다
우리의 모든 원수들이//

47(ㅍ) 두려운 함정이 우리에게 있습니다
황폐한 산산조각 남이//

48(ㅍ) 제 눈에서 수로의 물줄기가 흘러내립니다/
딸 내 백성의 산산조각 남 때문에//

49(ㅇ) 제 눈에서 쉬지 않고 흘러나옵니다
멈추지 않습니다//

50(ㅇ) 그가 굽어살피시고 보실 때까지/

아도나이께서 하늘로부터//

51(ע) 제 눈이 제 목숨을 호되게 다룹니다/

도시의 모든 딸들 때문에//

52(צ) 그들이 새 사냥하듯 정녕 저를 사냥합니다

원수들이 까닭 없이//

53(צ) 저를 구덩이에서 산 채로 침묵시키려고/

저에게 돌을 던집니다//

54(צ) 물이 제 머리 위에 넘쳐흘러서

제가 말합니다. "제가 끊어졌습니다"//

55(ק) 제가 아도나이 **당신**의 이름을 부릅니다/

구덩이 밑바닥에서//

56(ק) **당신**은 저의 음성을 들으시오니//

저의 숨 돌림과 도움 요청에 귀를 막지 마시기 바랍니다//

57(ק) **당신**께서 가까이 오십니다. 제가 **당신**을 부르는 날에/

**당신**께서 이르십니다. "두려워 말기 바란다"라고//

58(ר) 내 주는 제 목숨이 걸린 송사를 맡으시고

제 삶을 책임지십니다//

59(ר) 아도나이시여, **당신**께서 저의 압제당함을 보시니/

저에게 올바른 판결을 내려 주십시오//

60(ר) **당신**께서 그들의 모든 앙갚음을 보십니다/

저를 향한 모든 음모를//

61(ש) **당신**께서 그들이 하는 모욕을 들으십니다. 아도나이시여,/

저에 대한 모든 음모를//

62(ש) 저를 대적하는 입술과 그들의 웅얼거림을/

온종일 저에 대해//

63(ש) 그들의 앉고 일어섬을 살펴보십시오!/

저는 그들의 조롱 노래입니다//

64(ת) **당신**의 보응이 그들에게 돌아가야 합니다. 아도나이시여,

그들의 손이 행한 대로//

65(ת) 그들에게 완고한 심장을 주셔야 합니다/

**당신**의 저주가 그들의 것입니다//

66(ת) 진노함으로 뒤쫓아 가 진멸하셔야 합니다/

아도나이의 하늘 아래에서//


# 애가 4장

1(א) 어찌하여 금이 빛을 잃었는가?/

순금이 변했는가?//

성소의 돌들이 쏟아졌는가?/

모든 길거리 모퉁이에//

2(ㅁ) 찌욘의 아들들이 고귀했는데/
시온의 아들들이 고귀했는데/
순금과 맞바꿀 만했는데//
어찌하여 토기 조각같이 취급되었는가?/
토기장이의 손으로 빚은//

3(ㅅ) 자칼들도 젖을 내밀어/
새끼들을 먹이는데//
딸 내 백성은 잔인하여/
광야의 타조와 같구나//

4(ㄱ) 젖먹이의 혀가 달라붙었다
목이 말라 입천장에//
어린아이들이 빵을 요청하지만/
그들을 위해 찢어 주는 사람이 없다//

5(ㅎ) 맛난 음식을 즐기던 자들이/
길거리들에 버려졌고//
비싼 옷을 입던 자들이/
거름 더미를 껴안고 있다//

6(ㅇ) 딸 내 백성의 형벌이 크다/
소돔의 형벌보다//
그녀가 순식간에 무너졌다/

손을 쓰지 않았는데도//

7(ז) 나지르인들은 눈보다 눈부시고/

우유보다 희었었다//

몸이 산호보다 붉었고/

광택은 사파이어였었다//

8(ח) 그들의 얼굴이 숯보다 어두워져서/

길거리에서 알아볼 수가 없다//

피부가 뼈에 달라붙어/

나무 막대기처럼 말랐다//

9(ט) 칼에 찔린 자들이 더 낫다/

굶주림에 찔린 자들보다//

그 찔린 자들이 쏟아졌다/

밭의 소산물 있는 곳에서//

10(י) 자애로운 여인들의 손이/

자기네 아이들을 삶았다//

그들이 먹을거리가 되었다/

딸 내 백성이 산산조각 날 때에//

11(כ) 아도나이께서 화를 끝까지 내시고/

맹렬한 진노를 쏟아부으셨다//

그가 찌욘에 불을 지르시니/

그것이 기초를 삼켜 버렸다//

12(ㅅ) 세상의 왕들이 믿지 않았다/

온 땅의 모든 거민도//

적과 원수가 들어갈 줄은/

예루샬라임 성문으로//

13(ㅂ) 예언자들의 죄악과/

사제들의 불의 때문이다//

저희가 그녀 안에서

의인들의 피를 쏟아부었다//

14(ㄱ) 눈먼 자들처럼 길거리에서 방황하니/

그들이 피의 보복을 당했다//

누구에게나 금지되었다/

그들의 속옷 만지는 것이//

15(ㅇ) 부정하니 물러서라고 사람들이 그들에게 외친다

물러서라! 물러서라! 닿지 말기 바란다/

그들이 도망치며 방황할 때//

이방인들이 일렀다/

저들이 다시는 얹혀살지 못할 것이다//

16(ㅍ) 아도나이의 얼굴이 그들을 나누셨고/

다시는 살펴보지 않으신다//

그들이 사제들의 얼굴을 봐주지 않고/

장로들을 불쌍히 보지 않는다//

17(ע) 우리의 눈이 완전히 끝장났다/

헛되이 도움을 향해//

우리가 둘러보고 또 둘러보았다/

구원하지 못할 민족을//

18(צ) 그들이 덫을 놓고 또 놓았다/

광장에서 우리 발걸음에//

우리의 끝이 가깝고, 우리 날들이 다했다

참으로 우리의 끝이 이르렀다//

19(ק) 우리를 뒤쫓는 자들이 빠르다/

하늘의 독수리보다//

산들을 넘어 우리를 불같이 뒤따르며/

광야에서도 우리를 숨어 기다린다//

20(ר) 우리 코의 호흡 곧 아도나이가 기름 부으신 자가/

그들의 구덩이에 빠졌다//

우리가 말했었다/

나라들 가운데서 그의 그늘에 살리라고//

21(ש) 즐거워해라! 기뻐해라! 딸 에돔아,/

우쯔 땅에 사는 자야//

잔이 네게도 이를 것이니/

네가 취하여 벌거벗을 것이다//

22(ㄱ)　네 형벌이 끝났다 딸 찌욘아,/

그가 다시는 유배당하지 않게 하실 것이다//

네 형벌을 헤아리신다 딸 에돔아,/

그가 네 죄악을 드러내실 것이다//


## 애가 5장

1　기억하십시오! 아도나이시여, 우리에게 무슨 일이 있었는지/

살펴보십시오! 보십시오! 우리의 수치를//

2　우리의 상속물이 낯선 이들에게 넘어갔습니다/

우리의 집들이 외국인들에게//

3　우리는 아버지 없는 고아들이고/

어머니들은 과부와 같습니다//

4　우리가 은으로 물을 마시며/

나무도 값을 치르고 들여옵니다//

5　우리의 목덜미가 따라잡혀서 지쳤습니다/

그래서 쉬지 못합니다//

6 우리가 미쯔라임 사람에게 손을 주었습니다/
빵으로 배 채우려고, 앗수르와//

7 우리 조상들은 죄를 지어서 아무도 없고/
우리는 저들의 형벌을 떠안았습니다//

8 종들이 우리를 다스리지만/
저들의 손에서 건질 자 아무도 없습니다//

9 우리의 목숨과 바꾸는 음식을 가져옵니다/
광야의 칼 앞에서부터//

10 우리의 피부가 화로처럼 뜨겁게 되었습니다/
굶주림의 열기 때문입니다//

11 그들이 찌욘에서 여인들을 욕보였습니다/
예후다의 도시들에서 처녀들을//

12 고관들이 그들의 손에 의해 매어 달리고/
장로들의 얼굴이 예우받지 못했습니다//

13 청년들이 맷돌을 짊어지고/
소년들이 나무를 지고 비틀거립니다//

14 성문에서 장로들이 그쳤습니다/
청년들에게서 노래가//

15 우리 심장에서 환희가 그쳤고/
춤사위가 애곡으로 바뀌었습니다//

16 우리 머리에서 면류관이 떨어졌으니/

　　형벌을 받아서 우리가 비참해졌습니다//

17 이것 때문에 심장이 쇠약하며/

　　이것들 때문에 눈이 어둡습니다//

18 찌욘 산 폐허 위에/

　　여우들이 노닙니다//

19 아도나이시여 **당신**은 영원히 좌정하시고/

　　**당신**의 보좌는 대대로 있을 것인데//

20 왜 우리를 영속적으로 잊으시며/

　　오랜 세월 우리를 저버리십니까?//

21 우리를 **당신**께로 돌아가게 해 주십시오! 아도나이시여,/

　　그러면 우리가 돌아갈 것입니다/

　　새롭게 하십시오! 우리의 날들을 옛날처럼//

22 **당신**께서 전적으로 우리를 버리지 않으셨고/

　　힘닿는 대로 분노하지 않으셨다면//

제2부

# 제4장
# 낭독 애가 해설

독자들의 이해를 돕기 위해 단락 구분을 하고 제목을 붙였다.[1] 평행법에 초점을 맞춰 해설한 이유는 구문을 따라 읽는 데 도움을 주기 위해서이다.

## 애가 1장

**1장에서 사용된 이미지들**

과부(1절), 공주(1절), 강제노역자(1절), 눈물(2, 16절), 쉴 곳(3절), 포로(3, 5, 18절), 정한 때(4, 15절), 사제(4, 19절), 시온['찌욘'](6, 17

---

1. 단락 구분은 대부분 송민원의 "더바이블 프로젝트 애가" 해설 기준을 따른 것이다.

절), 어린아이들(5절), 초장(6절), 사슴들(6절), 예루살렘['예루샬라임'](7, 8, 17절), 하체(8절), 탐스러운 것/패물(10, 11절), 손을 내뻗다(10, 17절), 성소(10절), 여행자(12절), 보다(12절), 살펴봄(12절), 뼈(13절), 불(13절), 그물(13절), 목 위의 멍에(14절), 포도주 틀을 밟음(15절), 장로(19절), 창자(20절), 칼(20절).

**단락 해설**

맥락에 따라 임의로 〈단락 1〉 세상이 뒤집어지다(1-11절)와 〈단락 2〉 아도나이가 뒤집으셨다(12-22절)로 나누었다.

〈단락 1〉 세상이 뒤집어지다(1-11절)

> 1(א)  1 어찌하여[2] 그 도시가 홀로 앉아 있는가?
>
> 2 백성이 많았던 그녀가/
>
> 3 과부 같은가?//
>
> 4 나라들 중의 큰 자였는데!
>
> 5 여러 지방 중의 공주가/
>
> 6 강제 노역자가 되었는가?//

1행과 3행이 2행을 중간에 두고 교차평행, 4행과 5행이 동의평행, 6행이 4, 5행과 반의평행으로 대구(對句)가 된다. 5행의

---

2. 도대체 왜

공주 이미지와 6행의 강제 노역자 이미지가 반의평행이 된다. 공주와 강제노역자는 의복과 신분이 대조가 된다. "어찌하여"라는 단어는 정상적으로 일어날 수 없는 상황을 묘사하는 의문사이다(창 26:9; 39:9; 44:8; 출 6:12, 30; 삼상 16:2 등). "어찌하여 그 도시가 홀로 앉아 있는가? 백성이 많았던 그녀가"(1, 2행)는 강세에 따른 키나 운율을 밟는다.

> 2(ㄴ)　1 그녀가 밤에 목 놓아 울고 또 울어[3]
> 　　　2 눈물이 뺨을 적셔도/
> 　　　3 그녀를 위로하는 자 아무도 없다
> 　　　4 그녀를 사랑하던 자들 누구도//
> 　　　5 알고 지내던 모두가 배신했고
> 　　　6 그녀에게 원수들이 되었다//

1행과 2행, 4행과 5행, 3행과 6행이 각각 의미상 동의평행이 된다. 4행의 "그녀를 사랑하던 자들"('오하베하')에서 "사랑하는 자들"('오하빔')과 6행의 "원수들"('오예빔')은 음운 평행이 된다. "그녀가 밤에 목 놓아 울고 또 울어"(1행)은 강세에 따른 키나 운율을 밟는다.

---

3. 정녕 울어

3(ג)　1 예후다가[4] 유배되었다

　　　2 환난과 많은 노역을 위해/

　　　3 그녀가 여러 민족 중에 살면서

　　　4 쉴 곳을 찾지 못한다//

　　　5 뒤쫓는 모두가 그녀를 따라잡았다

　　　6 막다른 곳에서//

1행과 3행, 2행과 4행, 5행과 6행이 각각 동의평행이 된다. 4행의 쉴 곳과 6행의 막다른 곳의 이미지가 반의평행이 된다.


4(ㄱ)　1 찌욘으로[5] 가는 길이 애곡한다

　　　2 정한 때에[6] 오는 자들이 없기 때문이다/

　　　3 모든 성문이 황폐하고

　　　4 사제들이[7] 목메어 운다//

　　　5 처녀들이 괴로워하고

　　　6 그녀는 쓰라리다//

1행과 3행, 2행과 4행, 5행과 6행이 각각 동의평행이 된다. 1행과 2행은 은유와 서술로 이루어진 상징평행이다. 1행의 찌

---

4.　유다가
5.　시온으로
6.　명절에
7.　제사장들은

욘으로 가는 길과 3행의 모든 성문의 이미지, 2행의 정한 때와 4행의 사제들 이미지가 동의평행이 된다. 특히 정한 때와 사제들은 명절이라는 이미지로 강하게 묶어진다.

> 5(ה)　1 그녀의 적들이 머리가 되고
> 　　　2 원수가 잘나간다/
> 　　　3 아도나이께서[8] 그녀를 괴롭혔기 때문이다
> 　　　4 그녀의 많은 거역으로 인해//
> 　　　5 그녀의 어린아이들이 포로로 걸어갔다
> 　　　6 적의 앞으로//

1, 2행은 3, 4행과 더불어 종합평행이 된다. 5, 6행은 1, 2행과 동의평행이 된다. 1행의 머리 이미지와 5행의 포로 이미지가 반의평행이 된다. 애가에서 처음으로 불행의 원인이 거역의 죄라는 것을 밝힌다. "머리"라는 단어는 "그는 머리가 되고 너는 꼬리가 될 것"이라는 저주를 상기시킨다(신 28:44). 1, 2행과 5, 6행은 유다와 적들의 뒤바뀌어진 운명을 보여 주고, 3, 4행은 그 원인을 보여 준다. 이것 역시 "네 자녀를 다른 민족에게 빼앗기고 종일 생각하고 찾음으로 눈이 피곤하여지나 네 손에 힘이 없을 것이며"(신 28:32)라는 구절을 떠올리게

---

8.　여호와께서

한다.

> 6(ㄱ)  1 딸 찌온으로부터 떠나갔다
> 2 모든 화려함이//
> 3 고관들은 사슴들처럼 되었다
> 4 초장을 찾지 못한/
> 5 그들이 힘없이 걸어갔다
> 6 뒤쫓는 자 앞에서//

3행의 고관들과 6행의 뒤쫓는 자의 이미지, 3, 4행의 초장을 찾지 못한 사슴들과 5, 6행의 힘없이 걸어가는 고관들의 모습이 상징평행이 된다.

> 7(ㄱ)  1 예루샬라임이[9] 떠올린다
> 2 환난과 방랑의 날들에/
> 3 옛날부터 있었고
> 4 탐스러워하던 모든 것들을[10]//
> 5 백성이 적의 손에 쓰러질 때
> 6 아무도 돕지 않았고/

---

9. 예루살렘이
10. 모든 패물들을

> 7 적들이 그녀를 보고
>
> 8 그녀의 절멸을 비웃었다//

5행과 7행, 6행과 8행이 각각 동의평행이 된다.

> 8(ㄲ) 1 예루살라임이 더러워지고 더러워졌다"/
>
> 2 그러므로 그녀가 불결하게 되었다//
>
> 3 공경하던 모두가 업신여긴다/
>
> 4 왜냐하면 그들이 그녀의 하체를 보았고/
>
> 5 그녀도 목메어 울며 뒤로 물러났기 때문이다//

1행과 2행은 동의평행이 되고, 3행과 4, 5행은 종합평행이 된다. 1, 2행과 4, 5행도 동의평행이 된다. '하체를 보았다'는 말은 성적 부정행위에 대한 관용적 표현이다. 예루살렘이 겁탈을 당하고 버림받은 여인과 같은 트라우마를 겪었다는 것이다. 그런데 8절부터 11절까지를 한 단락으로 묶을 수도 있다. 그리고 9절과 11절에는 1인칭 대명사를 사용하는 인물이 등장한다. 그/그녀가 불행 당사자인지 제3자 시인을 가리키는지는 알 수 없다. 그/그녀는 환난과 비천함을 아도나이가 굽어살피도록 아뢴다. 애가에서 처음 등장하는 기도문이다. 만약 8-11절을 한 단락으로 묶는다면, 8절에서 예루살렘이 목

---

11. 범죄했다

메어 우는 것을 11절에서 백성이 목메어 우는 것과 같은 의미로 해석할 수 있고, 9절에 나오는 치마 속의 부정함을 적들이 성소의 보물을 약탈한 것과 같은 의미로 해석할 수 있다. 그렇다면 그녀의 부정함은 자발적인 것이 아니라 강제에 의한 겁탈이 된다. 한 단락으로 묶을 수 있다는 전제에서, 9절 5행은 11절 5행과 동의평행이 된다. 그리고 9절 6행과 11절 6행은 반의평행이 된다.

> 9(ט)　1 그녀의 치마 속에 부정함이 있지만
> 　　　2 그녀는 다가올 일을 생각할 수 없었다/
> 　　　3 그녀가 내려앉은 것은 놀라운 일인데
> 　　　4 위로하는 자 아무도 없다//
> 　　　5 보십시오! 아도나이시여, 제 환난을
> 　　　6 원수가 잘난 척합니다//

1행과 3행, 2행과 4행은 동의평행이다. 저자는 적들을 성적으로 유린하고 의기양양해하는 불량배에 비유하며, 직접명령형 동사를 사용해서 하나님께 호소한다. "놀라운 일"('플라임')은 하나님의 비범한 주권 행사가 가시적으로 나타난 결과이다.

> 10(ע)　1 적이 손을 내뻗었습니다[12]
> 　　　2 그녀의 탐스러운 모든 것들에//
> 　　　3 그녀가 보았습니다
> 　　　4 나라들이 성소에 들어간 것을/
> 　　　5 **당신**께서 명령하셨는데
> 　　　6 그들은 **당신**의 총회에 들어올 수 없다고//

3행과 5행이 반의평행이 된다. 아도나이의 명령이 시행되지 않는 것은 아도나이가 허락하는 경우밖에 없다. 뒤집어진 세상에서 살게 된 예루살렘 주민들은 아도나이가 행하시는 "놀라운 일"('니플라')을 받아들이기 어려웠을 것이다. "펴다"('파라쉬')라는 단어는 독수리처럼 큰 새가 날개를 활짝 펴는 동작을 가리킨다. 10절에서는 이방인이 성소의 보물을 탈취하기 위해 손을 펴고, 13절에서는 하나님이 시인 앞에 그물을 펴고, 17절에서는 시온이 도움의 손길을 바라며 손을 내뻗는다. 모두 아이러니 상황이다. "탐스러운 것들"('마흐마딤')로 번역한 단어는 하와가 선악과를 바라보았을 때 "탐스러웠다"('네흐마드')는 단어와 어근이 같다.

> 11(כ)　1 그녀의 모든 백성이 목메어 웁니다

---

12. 탈취했다

> 2 그들이 양식을 구하는 때에/
> 
> 3 탐스러운 것들을[13] 양식과 바꾸었습니다
> 
> 4 목숨을 돌이키려고//
> 
> 5 보십시오! 아도나이시여, 굽어살피십시오
> 
> 6 제가 비천해졌기 때문입니다//

1행에서 목메어 우는 것과 3행에서 양식과 바꾸는 것, 2행에서 양식을 구하는 것과 4행에서 목숨을 돌이키려 하는 것은 결과와 원인 관계의 종합평행이 된다. 저자는 다시금 야훼 하나님의 자비를 구한다. 그녀의 패물 대부분은 적이 탈취했고(10절), 남은 패물은 식량 구입 비용으로 탕진한다.

## 〈단락 2〉 아도나이가 뒤집으셨다(12-22절)

단락 2에서 1인칭 주어를 사용하는 사람이 불행 당사자인지 제3의 인물인지 명확하지 않다. 전자의 경우라면 환난의 상황과 어울리며, 후자의 경우 불행 당사자에 감정을 이입하는 시인이라고 볼 수 있다. 어쩌면 시인의 경험이 상황을 공감하는 데 도움이 되었을지 모른다. 애가의 저자에 대해서는 "제5장 애가는 누가 썼나"를 참고하라.

---

13. 패물들을

## 제4장 낭독 애가 해설

> 12(ל) 1 길을 지나가는 너희 모두에게는 아무것도 아닌지/
>
> 2 살펴보아라! 보아라!
>
> 3 내게 호되게 다루어진
>
> 4 내 아픔과 같은 아픔이 있는지//
>
> 5 아도나이께서 괴로워하게 하신
>
> 6 그의 맹렬한 진노의 날에//

1행과 4행, 3행과 5행이 동의평행이다. 불행한 사건이 아도나이로 말미암아 왔음을 시인한다. 길을 지나가는 사람들이 비극적 사건에 주목하도록 초청한다. 그들도 제3자의 불행을 공감하여 지혜를 얻게 하려는 것이다. 길을 지나가는 자들이 누구를 가리키는지 그렇게 중요하지는 않다.

> 13(מ) 1 높은 데서 그가 내 뼈에 불을 내던지시고 짓밟으셨다//
>
> 2 그가 내 발을 향해 그물을 펼쳐
>
> 3 내가 뒤로 물러가게 하셨다/
>
> 4 그가 나를 폐허로 두시고/
>
> 5 종일 쇠약하게 하셨다//

1행에서 불을 내던지는 것과 2행에서 그물을 펼치는 것, 3행에서 뒤로 물러가게 하는 것과 5행에서 쇠약하게 하는 것이 동의평행이 된다. 펴다('파라쉬')라는 단어는 찢는 것을 가리키기도 하는데 4:4에서는 빵을 나누는 행위를 가리킨다.

14(ㄴ)  1 내가 거역한 일들이 멍에로 묶어졌다
        2 그의 손으로 꽁꽁 엮으셨다/
        3 그것들이 내 목 위에 있어서
        4 나로 힘쓸 수 없게 하셨다//
        5 내 주께서 나를 넘기셨다
        6 내가 맞설 수 없는 자들의 손에//

1행과 3행, 2행과 4행이 동의평행이 된다. 아도나이에 대한 거역이 자승자박이 되었음을 시인한다.

15(ㅇ)  1 내 주께서 내 모든 용사들을 대수롭지 않게 보셨다/
        2 그가 내게 정한 때를[14] 선포하셨다
        3 내 젊은이들을 쳐부수기 위해//
        4 내 주께서 포도주 틀을 밟으셨다[15]
        5 딸 예후다의 처녀를 향해//

1행과 3행, 2행과 4행이 동의평행이 된다. 2행의 "정한 때"는 명절을 가리키지만 전쟁의 날에 대한 풍자로 사용되었다.

---

14. 명절을
15. 피바다를 만드셨다

'포도주 틀을 밟는다'는 말은 전쟁의 참화를 묘사하는 관용어구이다(욜 3:13; 계 14:19; 19:15). 처음 수확한 포도를 밟는 날은 아도나이의 명절(정한 때)이었다(삿 21:19). 그 아도나이의 명절이 애곡의 날이 된 것이다. 포도주 틀('가트')과 유다의 딸('바트')가 음운 대조를 통해 언어유희를 만든다.

> 16(ע)  1 이것 때문에 내가 목 놓아 울어
> 2 내 눈이, 내 눈이 눈물 흘린다/
> 3 위로하는 자가 내게서 멀기 때문이다
> 4 내 목숨을 돌이킬 자가//
> 5 내 아들들이 황폐하다/
> 6 원수가 막강하기 때문이다//

1행과 2행, 3행과 4행, 5행과 6행이 각각 동의평행이 된다. 시인은 마치 초상집에 불려온 곡하는 여인처럼 예루살렘을 위해 눈물 흘리며 위로한다(렘 9:17-20). 그처럼 예루살렘 주민들(자녀)은 절망적으로 방치되어 있다. 목숨을 되돌릴 자가 구체적으로 누구인지 특정하기는 어렵다.

> 17(פ)  1 찌온이 두 손을 내뻗었지만
> 2 위로하는 자 아무도 없다/

> 3 아도나이께서 야아콥에 맞서 명령하셨다
>
> 4 그의 이웃이 적이 되도록//
>
> 5 예루샬라임이 그들 사이에서 불결한 것이 되었다//

1, 2행과 3, 4행이 종합평행이 된다. 아도나이가 야곱의 이웃들을 적이 되게 한 것은 뒤집어진 세상의 전형이며, 놀라운 일을 행하시는 하나님의 주권이다. 5행의 불결한 것('닛다')은 생리와 같은 의식상의 부정함을 가리킨다. 예루살렘이 주변 국가들에게 혐오의 대상이 되었다.

> 18(צ) 1 아도나이 그는 의로우시다
>
> 2 내가 그의 말씀에 반역했기 때문이다//
>
> 3 제발! 들어라! 모든 민족들아,
>
> 4 보아라! 내 아픔을/
>
> 5 내 처녀들과 내 청년들이
>
> 6 포로로 걸어갔다//

1행과 2행이 종합평행이고, 3행과 4행은 동의평행이다. 1, 2행은 재난을 인과응보의 규범적 지혜로 서술한다.

> 19(ק) 1 내가 내 사랑하는 자들을 불렀지만
>
> 2 그들이 나를 떠나 버렸다/

> 3 내 사제들과 장로들이
>
> 4 도시 안에서 숨을 거두었다//
>
> 5 그들이 양식을 구하는 동안
>
> 6 목숨을 돌이키려고//

1행과 2행, 4행과 6행은 반의평행이다. 사제들과 장로들이 양식을 구하다가 숨을 거둔 것은 극한의 굶주림 상황에서 보호받지 못했음을 보여 준다.

> 20(ר) 1 보십시오! 아도나이시여, 제게 고통이 있을 때
>
> 2 창자가 들끓습니다/
>
> 3 심장이 제 안에서 뒤집어지는 것은/
>
> 4 제가 정녕 반역했기 때문입니다//
>
> 5 길거리에는 칼로 인한 사별이 있고
>
> 6 집 안에는 죽음과도 같은 것이 있습니다//

3행과 4행은 종합평행이고, 5행과 6행은 동의평행이 된다. 다시 한번 현실의 재난을 인과응보의 규범적 지혜로 서술한다. 죽음이 집 안팎에 있어서 불안과 공포가 극에 달했음을 묘사하고 있다(렘 9:21).

> 21(ש) 1 제가 목메어 우는 것을 듣지만

2 아무도 저를 위로하지 않으며/

　　3 모든 원수가 저의 재앙을 듣고 즐거워합니다/

　　4 **당신**께서 행하신 그것을//

　　5 **당신**께서 선포하신 날을 오게 하셔서

　　6 그들도 저처럼 되게 해 주십시오//

1, 2행과 3, 4행은 동의평행이며, 5, 6행과 연결되어 원인과 결과의 종합평행이 된다. 3행에 나오는 "재앙"과 5행에 나오는 "선포하신 날"이 동의평행이 된다.


22(ㄲ)　1 그들의 모든 악행이 **당신** 앞에 올 것입니다

　　　　2 그들을 호되게 다루십시오!/

　　　　3 제 모든 거역 때문에

　　　　4 **당신**께서 저를 호되게 다루신 것처럼//

　　　　5 저의 탄식이 많아지면서

　　　　6 제 심장이 쇠약하기 때문입니다

21절 5, 6행의 탄원이 다시 반복된다. 1행과 3행, 2행과 4행이 동의평행이 된다. 시인은 원수들이 심판 받아야 할 이유로서 죄악에 대한 인과응보가 있어야 하기 때문이라는 논리를 편다. 그것만이 시인의 마음에 든 병을 치료하는 약이 될 것이라고 호소한다.

**1장을 관통하는 문학적 기법**

1장에는 수많은 대조와 아이러니가 등장한다. 아이러니는 비정상적인 상황을 묘사하는 애가와 잘 어울리는 기법이다. 1절에서 '백성이 많았던 성이 과부가 된 것'과 '많은 민족의 큰 자요 여러 나라의 공주였던 자'가 강제 노역자가 된 것부터 아이러니의 시작이다. 4절에서 명절을 가리키는 "정한 때"('모에드')에 찾아오는 사람(순례자)이 없다는 것도 아이러니이다. 15절에서 "정한 때"가 심판의 날을 가리키는 말로 사용된다는 점도, 5절에서 유다의 '적들이 머리가 되고 원수들이 형통하는 것'도, 10절에서 이방 나라들이 하나님의 금지 명령과 상관없이 성소에 들어가는 것도, 10절에서는 이방나라들이 손을 펴서 보물을 움켜 잡는데, 17절에서는 시온이 손을 펴서 도움을 요청하지만 얻는 것이 없다는 것도, 19절에서 '사랑하는 자들이 불행당한 자를 속이는 것'과, 아도나이께 보호를 받아야 할 '사제들과 장로들이 성안에서 죽임당하는 것'도 모두 아이러니이다. 1장에서 가장 큰 아이러니는 유다 백성의 하나님 아도나이가 자기 백성을 해롭게 한다는 사실이다. 13절에서 아도나이는 '뼈들에 불을 보내시고, 내 발에 그물을 펴' 사냥한다. 14절에서 아도나이는 '내가 맞설 수 없는 자들에게 나를 넘겨주는' 분이다. 15절에서 아도나이는

'젊은이들을 쳐부수기 위해 정한 때를 선포하는' 분이다. 17절에서 아도나이는 '야곱을 치도록 이웃의 적들에게 명령하는' 분이다.

애가가 '어찌하여'라는 말로 시작하는 것도 아이러니 상황을 전제로 한다. 애가가 보여 주는 아이러니는 질서가 뒤집혀 혼돈이 된 상황에 잘 어울린다. 특히 아도나이가 자기 백성을 공격하거나 적들을 형통하게 하는 아이러니는 애가의 주제를 극명하게 드러낸다. 한마디로 아도나이는 정상적인 질서를 유지하게도 하시며, 비정상적인 혼돈 상황을 연출하여 놀라운 일도 행하시는 분이다. 자기 백성이 순종할 때는 기존 질서를 유지하시고, 반역할 때는 무질서와 혼돈을 맛보게 하신다. 아이러니 기법을 사용하는 저자의 신학적 관점은 이렇다. 유다와 예루살렘의 참변이 아도나이가 무능하거나 나태해서 일어나지 않았다는 것이다. 오히려 그것은 아도나이가 적극적으로 개입해서 일어난 사건이다.

그렇기에 시인은 아도나이께 기도할 소망을 얻는다. 성경의 일반적 서사 단락에서 자주 사용되지 않는 명령형 동사가 "보십시오"라는 그의 기도에서 반복적으로 발견된다(9, 11, 20절). 그뿐 아니라 그는 마치 생존자를 대신하여 기도하듯이 유다가 아도나이를 의뢰하지 않고 "사랑하는 자들(나라들)"을 의지했음을 고백한다(19절). 그리고 1인칭 화법을 사용해서 자신이 아도나이를 반역했다고 참회한다(18, 20절). 한편으로 예루살렘과 그 주민에게 일어난 불행을 슬퍼하면서, 다른 한편으로는 생존자가 해야 할 참회를 대신하고 있는 것이다. 애가가 단순한 만가가 아니라 지혜문학에 속하는 이유이다. 성경의 지혜문학은 자연과 인간사회의 질서 속에 들어 있는 '규범적 지혜'(standard wisdom)를 탐구하는 동시에, 그것으로 설명할 수 없는 하나님의 놀라운 일들(이적)에 대한 '성찰적 지혜'(speculative wisdom)까지 다룬다.

## 애가 2장

환난의 매 사건에 하나님이 개입하셨다는 사실이 강조되어 있다. 26차례나 '아도나이', '그', '주'를 주어로 그 사실을 진술하고 있다.[16] 그것은 하나님이 애가의 청중이 겪고 있는 사건에 책임이 있음을 의미한다. 그렇기 때문에 하나님께 탄원할 수 있는 것이다. 2장은 1장처럼 "어찌하여"('에이카')라는

---

16. 1절에 2번, 2절에 3번, 3, 4, 5절에 각각 3번, 6절에 2번, 7절에 1번, 8절에 3번, 9절에 1번, 17절에 5번, 모두 26번이다.

의문사로 시작한다. 그리고 2장에서는 16절과 17절의 알파벳 순서가 뒤바뀌어 있는 것이 눈에 띈다. '아인'(ע)과 '페'(פ)의 순서가 바뀌어 있다. 여기만이 아니라 3장과 4장에서도 순서가 바뀌어져 있다. 그 이유를 학자들은 잘 모른다. 애가가 만들어질 때까지 알파벳 순서가 확정이 안 되어 있었을 것이라는 추측도 있고, '아인'(ע)의 숫자 값이 70이기 때문에 70년 포로 생활을 강조하기 위해 살짝 순서를 바꿔 놓았을 것이라고도 한다.

## 2장에서 사용된 이미지들

시온(1, 6, 8, 10절), 구름(1절), 발판(1절), 초장(2절), 요새(2, 5절), 고관(2, 9절), 뿔(3, 17절), 불/진노(3절×2), 오른손을 뒤로 거둬들이다(3절), 활(4절), 쳐 죽이다(4, 20, 21절), 궁전(5, 7절), 장막(6절), 동산(6절), 정하신 처소(6절), 정한 때(6, 7, 22절), 안식일(6절), 왕(6, 9절), 사제(6, 20절), 제단(7절), 성소(7, 20절), 성벽(7절), 내벽(8×2, 18절), 줄을 튕기다(8절), 외벽(8절), 애곡(8절), 파괴됨(8, 9, 17절), 성문(9절), 빗장(9절), 열방(9절), 토라(9절), 예언자(9, 14, 20절), 환상을 보다(9, 14절), 장로(10절), 처녀(10, 13절), 흙먼지(10절), 자루(10절), 머리(10절×2), 눈물(11, 18절), 창자(11절), 간(11절), 어머니(12절), 어린아이(11, 20절), 젖먹이(11절), 고개를 떨구다(11, 19절), 광

장(11, 12절), 곡식(12절), 포도주(12절), 칼에 찔림(12, 21절), 바다(13절), 포로(14절), 묵시(14절), 여행자(15절), 손뼉 침(15절), 머리를 흔듦(15절), 야유함(15, 16절), 삼킴(16절), 높아짐(17절), 부르짖음(18, 19절), 급류(18절), 눈동자(18절), 주의 얼굴(19절), 쏟아부음(19절), 손바닥을 듦(19절), 보다(20절), 살펴보다(20절), 길거리(21절), 젊은이(21절), 노인(21절), 도망침(22절), 끝장냄(22절).

**단락 해설**

맥락에 따라 임의로 〈단락 1〉 야아콥을 먹어 치우셨다(1-10절)와 〈단락 2〉 밤중에 일어나 울부짖어라(11-19절)와 〈단락 3〉 아낌없이 도살하셨습니다(20-22절)로 나누었다.

### 〈단락 1〉 야아콥을 먹어 치우셨다(1-10절)

> 1(א)  1 어찌하여 진노의 구름으로 덮으셨는가?
>
> 2 주께서 딸 찌온을/
>
> 3 하늘에서 땅으로 내던지셨는가?
>
> 4 아름다운[17] 이스라엘을//
>
> 5 그가 발판을[18] 기억하지 않으셨는가?

---

17. 위엄 있는
18. '언약궤'의 관용적 표현(대상 28:2; 시 99:5; 132:7)

6 그의 진노의 날에//

1, 3, 5행과 2, 4행은 각각 동의평행이 된다. 1행과 6행에 나오는 "진노"는 1절을 열고 닫는 역할을 한다.

2절과 3절은 하나의 연으로 묶어서 생각할 수 있다. 왜냐하면 2절 1, 2행과 3절 5, 6행/2절 3, 4행과 3절 3, 4행/2절 5행과 3절 1, 2행은 완벽한 교차평행이 되기 때문이다. 그러니까 A-B-C-C′-B′-A′ 구조이다.

2(ㄴ)　1 주께서 아낌없이 삼켜 버리셨다
　　　　2 야아콥의 모든 초장들을[19]/
　　　　3 그가 진노로 넘어뜨리셔서
　　　　4 딸 예후다의 요새들을 땅에 닿게 하셨다//
　　　　5 그가 왕국과 고관들을 모욕하셨다//

3(ㄱ)　1 그가 맹렬한 진노로 자르셨다
　　　　2 이스라엘의 모든 뿔을/
　　　　3 그가 오른손을 뒤로 거두어들이셨다
　　　　4 원수 앞에서//
　　　　5 그가 야아콥을 먹어 치우셨다
　　　　6 타오르는 불이 사방을 삼키듯//

---

19. 움막들을

교차평행 구조로 볼 때 '삼키다'(2절 1행)와 '삼키다'(3절 6행)/"야아콥"(2절 2행)과 "야아콥"(3절 5행)/'넘어뜨려 땅에 닿게 하다'(2절 3, 4행)와 '원수 앞에서 손을 거두어들이다'(3절 3, 4행)/'왕국과 고관들을 모욕하다'(2절 5행)와 '이스라엘의 모든 뿔을 자르셨다'(3절 1, 2행)의 의미가 같다. 교차평행 구조로 볼 때 환난의 가장 큰 의의는 지도층이 모욕을 당한 것이다. 3절 1행에서 '뿔을 잘랐다'는 것은 영광과 세력을 꺾어 버렸다는 뜻이다. "모든 뿔"은 권력자들을 가리킨다. 2절에서 초장들을 가리키는 단어 '네오트'는 들에서 양을 칠 때 목자들의 임시 숙소('나')를 가리킬 수도 있다. 이스라엘의 성서 식물원 '네오트 케두밈'도 이 단어에서 나왔다.

4절과 5절도 하나의 연으로 묶어서 생각할 수 있다. 4절 1행과 5절 1행/4절 2행과 5절 2행/4절 3, 4행과 5절 3, 4행/4절 5, 6행과 5절 5, 6행이 동의평행이 되기 때문이다.

> 4(ㄱ)  1 그가 원수같이 활을 당기시고
> 2 적처럼 오른손을 준비시켜/
> 3 그가 쳐 죽이셨다/
> 4 눈에 탐스러운[20] 모든 자들을//

---

20. 보물 같은

5 딸 찌욘의 장막에

　　　6 그가 불 같은 진노를 쏟아부으셨다//

5(ㄱ)　1 주께서 원수같이 되셔서

　　　2 이스라엘을 삼키셨고/

　　　3 그가 모든 궁전을 삼키고

　　　4 요새들을 짓뭉개 버리셨다//

　　　5 그가 딸 예후다에 많아지게 하셨다/

　　　6 슬픔 위에 슬픔이//

4절에서 장막('오헬')은 2절의 초장('네오트')과 달리 안정된 주택을 가리키는 은유이다. 그런데 5절의 히브리어 본문은 3단어(1행)+2단어(2행)+3단어(3행)+2단어(4행)//3단어(5행)+2단어(6행)로 정확히 키나의 운율을 밟고 있다. 그러니까 2행과 4행과 6행은, 1행과 3행과 5행과는 대조적으로 단어가 하나씩 빠진 소멸(extinction)의 여운을 남긴다. 5절에서 하나님은 이스라엘을 침공하는 원수가 되신다. 그래서 당신의 백성과 요새를 삼켜 버리신다. 이스라엘의 보호자가 이율배반적으로 파괴자가 된 것이다.

　　6절과 7절도 하나의 연으로 묶어서 생각할 수 있다. 6절 1, 2행과 7절 1, 2행/6절 3, 4행과 7절 5, 6행/6절 5, 6행과 7

절 3, 4행이 동의평행이 되기 때문이다.

> 6(ㄱ)　1 그가 **자기** 장막을 동산처럼 헐어 버리시고/
> 　　　2 **자기**의 정한 처소[21]를 짓뭉개 버리셨다//
> 　　　3 아도나이께서 잊게 하셨다
> 　　　4 찌온에서 정한 때와 안식일이/
> 　　　5 **자기** 코의 진노로써 경멸하셨다/
> 　　　6 왕과 사제를//
>
> 7(ㄱ)　1 주께서 **자기** 제단을 혐오하시고
> 　　　2 **자기** 성소를 거부하셨다/
> 　　　3 원수의 손으로 닫게 하셨다/
> 　　　4 궁전들의 성벽들을//
> 　　　5 그들이 아도나이의 집에서 떠들었다
> 　　　6 정한 때의[22] 날처럼//

다시 말해 6절 1, 2행의 "자기 장막"과 "자기의 정한 처소"가 7절 1, 2행의 "자기 제단"과 "자기 성소"와 평행이 된다. 6절 3, 4행에서 '정한 때와 안식일을 잊게 하신' 것은 7절 5, 6행에서 원수들이 '정한 때의 날처럼 아도나이의 집에서 떠든' 것과 평행이 된다. 6절 5, 6행에서 아도나이가 '왕과 사제를

---

21. 회막
22. 명절의

경멸하신' 것은 7절 3, 4행에서 '궁전의 성벽들을 원수의 손으로 닫게 하신' 것과 평행이 된다. 6절에서 왕과 사제를 멸시하시는 것은, 2절에서 왕국과 고관들을 욕되게 하시는 것과 같은 의미이다. 아도나이는 지도자들을 심판하신다.

8-10절을 의미상 2개의 연(8절 1행-9절 2행/9절 3행-10절 6행)으로 생각해도 좋을 것이다.

8(ㄲ) 1 아도나이께서 짓뭉개려 계획하셨다
  2 딸 찌온의 성벽을/
  3 그가 줄을 튕기시고
  4 삼켜 버리는 일에서 손을 거두지 않으셨다//
  5 그가 외벽과 내벽으로 애곡하게 하시니
  6 그것들이 함께 부스러졌다//
9(ㅌ) 1 성문들이 땅으로 내려앉는다/
  2 그가 빗장들을 꺾고 부숴 버리셨다//
  3 왕과 고관들이
  4 토라가[23] 없는 열방에 있고/
  5 예언자들도/

---

23. 가르침이

> 6 아도나이의 계시를[24] 만나지 못한다 //
>
> 10(ㅊ) 1 땅에 앉아 침묵한다
>
> 2 딸 찌욘의 장로들이 /
>
> 3 흙먼지를 머리에 끼얹고 /
>
> 4 자루 옷을[25] 허리에 둘렀다 //
>
> 5 그들의 머리를 땅에 처박았다 /
>
> 6 예루샬라임의 처녀들이 //

2개의 연으로 볼 때 앞의 연은 방어시설의 파괴에 관한 것이고, 뒤의 연은 사회지도층과 일반백성의 몰락에 관한 것이 된다. 앞의 연에서는 아도나이 하나님이 파괴를 주도하며, 뒤의 연에서는 사람들이 상실감으로 고통받게 된다. 파괴된 방어시설은 성의 내벽과 외벽, 성문과 빗장이다. 몰락한 인물들은 왕과 고관들, 예언자들, 장로들과 예루살렘 주민들이다. 방어시설과 사람들의 공통점은 제 기능을 상실했다는 것이다. 방어시설은 파괴되었고, 왕과 고관들은 토라가 없는 열방에 있으며, 예언자들은 계시를 만나지 못하고, 장로들은 슬픔에 겨운 나머지 백성들에게 삶의 방향을 제시하지 못한다. 예루살렘의 처녀들이 머리를 땅에 처박고 고뇌하는 것은

---

24. 환상을
25. 상복들을

당연한 결과이다. 자루들('사킴')을 입었다는 것은 염소 털이나 낙타 털로 만든 자루를 상복으로 착용했다는 의미이다(렘 4:8; 6:10). 자루를 가리키는 영어 '색'(sack)은 헬라어 '삭코스'와 히브리어 '사크'에서 나왔다. 맨살에 자루를 뒤집어쓰는 것은 자신을 괴롭히기 위해서이다. '굵은 베'는 삼으로 만든 옷이 아니다. 티끌을 머리에 덮어 쓰는 것도 장례 행위의 일부이다. 8절 5행의 '봐야아벨'(그가 애곡했다)과 6행의 '우믈랄루'(그들이 부스러졌다)는 '아발'과 '아말'로 음운 평행이 된다. 애곡하다가 진액이 빠져 부스러졌다고 해석할 수 있다.

〈단락 2〉 밤중에 일어나 울부짖어라(11-19절)

11절과 12절도 하나의 연으로 묶어서 생각할 수 있다.

11(ㅋ) 1 내 두 눈이 눈물로 끝장나고 창자가 들끓고/
2 간이 땅에 쏟아졌다/
3 딸 내 백성의 산산조각 남 때문이다//
4 어린아이와 젖먹이가 고개를 떨굴 때/
5 도시의 광장에서//
12(ㅎ) 1 그들이 어머니에게 묻는다/

> 2 곡식과 포도주가[26] 어디 있어요?//
>
> 3 칼에 찔린 자처럼 그들이 고개를 떨굴 때/
>
> 4 도시의 광장에서/
>
> 5 그들의 숨을 쏟아부을 때/
>
> 6 어머니의 품으로//

우선 11절 4, 5행이 12절 3행과 단어와 의미로 동의평행이 된다. 그리고 11절 1, 2행이 12절 1, 2행과 동의평행이 되고, 11절 3행은 12절 4, 5행과 동의평행이 된다고 볼 수 있다. 11절의 히브리어 본문은 전형적인 키나 형식의 운문이다. 3단어+2단어(1행)/3단어(2행)+2단어(3행)//3단어(4행)+2단어(5행)이다. 12절에서 어린아이들이 어머니의 품에서 목숨을 쏟는('샤파크') 모습은, 제물의 피가 제단 아래에 부어지는('샤파크') 것을 연상하게 한다. 목숨을 되살려야 할 어머니의 품에서 목숨이 쏟아지는 것이 아이러니이다. 곡식과 포도주가 끊어진 것은 하나님의 저주이다(렘 8:13).

> 13(מ) 1 네게 무엇을 가르치며 무엇에 비유하겠는가?
>
> 2 딸 예루샬라임아!/
>
> 3 너를 무엇과 비교하며 위로할 수 있겠는가?

---

26. 먹을 것과 마실 것이

    4 딸 찌온의 처녀야!//

    5 너의 산산조각 남이 바다처럼 넓으니

    6 누가 너를 치유하겠는가?//

1, 2행과 3, 4행은 동의평행이고, 5, 6행은 비유와 서술이 연결된 상징평행이 된다. 예루살렘이 '바다같이 산산조각 났다'는 것의 배경은, 바다가 하나님을 대적하는 존재라는 신화소(神話素)이다. 성경은 종종 리워야단, 라합, 용, 바다 괴물 등을 하나님이 무찌르시는 대상으로 묘사한다. 예루살렘이 하나님이 무찌르시는 대상이 된 것은 아이러니이다.


14(ㄱ)  1 예언자들이 너에 대해 환상을 보았다

      2 거짓되고 달콤한 것을/

      3 그들이 네 불의를 드러내지 못하였다

      4 네 포로가 돌아오도록//

      5 그들이 너에 대해 환상을 보았다

      6 거짓되고 망하게 하는 것을//

1, 2행과 5, 6행이 동의평행이 되고, 3, 4행에 주제가 담겨진 교차평행 구조이다. '포로들을 돌아오게 하지 못했다'는 말은 예루살렘이 최종 패망하기 전, 2차에 걸쳐 포로들이 바벨론으로 끌려간 상황을 배경으로 하는 것으로 보인다. 만약

예언자들이 1, 2차 포로 상황을 통해 백성들의 죄악을 드러내고 경고했더라면, 결정적 파국을 면할 수 있었을 것이다. 거짓 예언자들은 이미 유배된 자들을 돌아오게 하지 못했을 뿐 아니라, 자신들도 유배된 땅에서 죽게 되었다(렘 20:6). 여기서 "드러내다"('갈라')라는 동사는 토라에서 하체를 드러내는 것을 가리키는 단어이다.

15-16절을 하나의 연으로 생각해 볼 수 있다.

15(ㅇ) 1 길을 지나가는 모든 사람이

2 너를 향해 손뼉을 치고/

3 야유하며 머리를 흔든다

4 딸 예루살라임에 대해//

5 이것이 그렇게 일컫던 도시란 말인가?

6 완벽한 아름다움/

7 온 세상의 기쁨이라고//

16(ㅍ) 1 네 모든 원수들이

2 너를 향해 입을 벌린다/

3 그들이 야유하고 정녕 이를 간다/

4 "우리가 그녀를 삼켰다!"라고 말한다//

5 "진정 바로 오늘이다

6 우리가 기다렸고, 만났고, 보았다"//

1개의 연으로 생각할 경우 A(15절 1행)+B(15절 2, 3, 4행)+C(15절 5, 6, 7행)+A′(16절 1행)+B′(16절 2, 3, 4행)+C′(16절 5, 6행)의 구조가 된다. 16절 4행에서 "우리가 그녀를 삼켰다"는 문장과 5, 6행에서 "우리가 기다렸고, 우리가 만났고, 우리가 보았다"는 문장은 동의평행으로 같은 의미이다. 15절에서 외지인이 예루살렘을 향해 놀라고 조롱하는 것은 레위기 저주의 성취이다.[27]

17(ש) 1 아도나이께서 행하셨다
2 그가 계획하고 정하신 말씀을/
3 그가 옛적부터 명령하시던 것을/
4 그가 아낌없이 넘어뜨리셨다//
5 원수들로 너 때문에 기뻐하게 하시고/
6 그가 네 적들의 뿔이 높아지게 하셨다//

사실 관계를 서술하는 1-4행과 이유를 밝히는 5-6행이 종합평행이 된다. 1-9절에서 집중적으로 다루었던, 환난을 주도하신 분이 하나님이라는 관점을 재확인한다. 1-4행은 모세에게 주신 저주 예언이 성취되었다는 의미이다.

---

27. "그 땅을 황무하게 하리니 거기 거주하는 너희의 원수들이 그것으로 말미암아 놀랄 것이며"(레 26:32).

18-19절도 하나의 연으로 생각할 수 있다.

18( צ) 1 사람들의 심장이 주께 부르짖는다//

2 딸 찌온의 성벽아

3 밤낮으로 눈물이 급류처럼 흐르게 해라!/

4 네게 휴식을 주지 말기 바란다/

5 네 눈의 딸도[28] 침묵하게 하지 말기 바란다//

19(ק) 1 일어나라! 울부짖어라! 밤중에

2 야간 경계가 시작될 때/

3 쏟아부어라! 네 심장을 물처럼

4 주의 얼굴 앞에서//

5 네 두 손바닥을 들어 올려라! 그를 향해

6 네 어린아이들의 목숨을 위해/

7 모든 길거리 모퉁이에서

8 굶주려 고개를 떨군//

그럴 경우 A(18절 1, 2행)+B(18절 3, 4행)+A′(19절 1, 2행)+B′(19절 3, 4행)+A″(19절 5, 6행)+B″(19절 7, 8행)의 구조가 된다. 방향을 나타내는 이미지의 평행이라는 관점에서 A와 A′와 A″는 위를 향하고, B와 B′와 B″는 아래를 향한다. 그리고 A계열은 하나님

---

28. 네 눈동자도

을 향한 기도를 나타내고, B계열은 사람의 진액이 소진하는 상태를 묘사한다. 18절의 4행에서 '너를 쉬게 하지 말기 바란다'와, 5행에서 '네 눈동자로 쉬게 해서는 안 된다' 모두 간접 명령 형태이다. 8절에서는 내벽과 외벽이 통곡했는데, 여기서는 눈물을 흘리고 있다. 19절에서 '야간 경계가 시작되는 때'는 일몰 시간을 가리킨다. 고대 이스라엘 사람들은 야간을 세 부분으로 나누어 첫째 시간대를 일몰에서 대략 10시까지, 둘째 시간대를 10시에서 다음 날 2시까지, 셋째 시간대를 2시에서 일출까지로 정했다. "쏟아붓다"('샤파크')라는 단어는 제물의 피를 제단 아래에 부어 버리는 것을 가리키는 제의 용어이다. 12절에서는 어린아이들이 목숨을 쏟아부었다고 했는데, 여기서는 그 어머니들이 하나님께 마음을 쏟아부어 기도하라고 권하고 있다. 손을 드는 행동은 손바닥을 하늘로 향하게 해서 가슴까지 들어 올리는 고대 근동의 전통적 기도 자세를 가리킨다.

<고대인의 기도하는 조각상>(양은숙 그림)

## 〈단락 3〉 아낌없이 도살하셨습니다(20-22절)

20-21절을 A-B-C-C′-B′-A′의 교차평행 구조로 묶어 생각할 수 있다.

> 20(ㄱ) 1 보십시오! 아도나이시여, 살펴보십시오
>
> 2 누구를 이처럼 호되게 다루셨는지요?//
>
> 3 여인들이 그들의 열매들을[29] 먹어야만 합니까?
>
> 4 그들이 손으로 어르던 어린아이들을/
>
> 5 사제와 예언자가 쳐 죽임을 당해야 합니까?
>
> 6 주의 성소에서//
>
> 21(ㄸ) 1 길거리에서 땅에 엎드러졌습니다
>
> 2 젊은이와 노인이/
>
> 3 저의 처녀들과 청년들이
>
> 4 칼에 쓰러졌습니다//
>
> 5 **당신**의 진노의 날에 쳐 죽이셨습니다
>
> 6 아낌없이 도살하셨습니다//

교차평행 구조로 볼 때 다음과 같이 나누어진다. A(20절 1, 2행): 하나님이 호되게 다루심. B(20절 3, 4행): 아이들이 음식이 됨. C(20절 5, 6행): 사제와 예언자가 살해됨. C′(21절 1, 2행): 청

---

29. 자녀들을

년과 노인이 살해됨. B'(21절 3, 4행): 자녀들이 살해됨. A'(21절 5, 6행): 하나님이 도살하심. 이 연에서도 예루살렘 거민의 죽음에 하나님이 깊숙히 개입되어 있음을 보여준다. 만약 20절과 21절을 별개의 연으로 본다면, 20절 5, 6행과 21절 5, 6행은 동의평행이 된다. 그럴 경우 사제와 예언자는 하나님이 진노하신 날에 희생된 제물들이다. 제물들은 하나님의 진노를 가라앉히기 위해 성소에서 도살되기 때문이다.

22(ㄲ) 1 정한 때의 날처럼 부르셨습니다
2 사방으로부터 저의 두려움들을[30]/
3 아도나이의 진노의 날에
4 아무도 도망가거나 살아남지 못했습니다//
5 제가 낳아 기르는 자들을
6 제 원수가 끝장내 버렸습니다//

1행과 3행, 2행과 4행은 동의평행이 된다. 1-4행에서 아도나이가 행하셨다고 한 일들을 5-6행에서는 원수들이 행했다고 말한다. 히브리어 본문에서 1-4행과 5-6행은 분리악센트를 중심으로 대등한 비중으로 나뉘어진다. 그러니까 히브리어 구문을 따라 읽을 때, 하나님은 원수들이 저지른 일에 대해

---

30. 두려워하는 것들을

인과응보의 원리로 심판하실 책임이 있다는 의미가 된다. 22절의 "정한 때의 날"은 양들을 도살하기 위해 정한 날에 비유한 것으로 보인다(렘 12:3하). "사방으로부터 저의 두려움들"('머구라이 밋사비브')은 렘 20:10에 나오는 "사방으로부터의 두려움"('마고르 밋사비브')과 같은 어구이다. 이는 예레미야가 바스훌의 이름을 '마고르 밋사비브'라고 부른 맥락에 나온다(렘 20:3). 이런 자료들은 애가와 예레미야서가 밀접하게 연결되어 있음을 보여 준다.

## 2장을 관통하는 문학적 기법

2장에서도 수많은 대조와 아이러니가 등장한다. 6절의 '정하신 때'는 문자 그대로 축제를 위해 정해진 날이다. 그런데 22절의 정하신 때는 심판을 위해 하나님이 정해 놓으신 날이다. 하나님의 하시는 일도 모두 아이러니이다. 3절에서 주님은 구원의 오른손을 거두어 들이시고, 4절에서 그의 오른손으로 당신의 백성을 향해 활을 당기신다. 6절과 7절에서 하나님은 자신의 집으로 일컫는 성소를 스스로 파괴하신다. 8절과 9절에서 성소가 있는 예루살렘 성을 파괴하신다. 3절에서 이스라엘의 뿔은 잘리고, 17절에서 원수들의 뿔은 높이 들린다.

2장에서는 전체적으로 1장에서 동원된 모티프들이 심화된다. 1장에서는 사제와 장로들이 성안에서 죽는데(19절), 2장에서는 사제와 예언자가 성소에서 죽임당한다(20절). 1장에서 이방 나라들이 성소의 보물을 약탈하는데(10절), 2장에서는 아도나이의 집에서 승전가를 부르며 축제를 연다(7절). 1장에서는 아도나이가 적들로 하여금 야곱을 치도록 명령했는데(17절), 2장에서는 야곱을 불에 태워 여러 도시들이 파괴되게 하신다(2, 3절). 1장에서는 굶주림을 면하기 위해 목숨을 걸고 보물을 내다 파는데(11절), 2장에서는 아이들이 굶주려 기절하고(11, 12절) 어머니들이 자녀의 살을 먹는다(20절). 1장에서는 원수들이 잘난 체하는데(9절), 2장에서는 구체적으로 조롱하는 노랫말이 나온다(15, 16절). 1장에서는 단순히 사제와 장로들이 성안에서 죽었다고 했는데(19절), 2장에서는 예언자들이 헛된 것을 예언하며 백성의 죄를 지적하지 못한 죄가 폭로된다(14절).

2장의 주목할 만한 기법은 전환(transition)이다. 노랫말의 무게 중심이 불행 당사자로부터 저자에게로, 다시 저자로부터 불행 당사자에게로 이동하는 것이다. 저자는 예루살렘 성벽에게 말을 건네는 형식을 빌려 불행 당사자들이 기도할 것을 요청한다(18절). 불행 당사자를 위해 중보하던 입장에서,

불행 당사자가 주도적으로 하나님께 기도하도록 분위기를 전환시키고 있는 것이다.

## 애가 3장

애가 3장에서는 3개의 절, 즉 3개의 연을 하나로 묶을 수 있는 경우가 자주 발생한다. 주로 같은 알파벳으로 시작하는 연들에서 일어나는데, 원래 3개의 연이 하나로 묶어져 있었을 것이라고 추정해 볼 수 있다. 물론 애가 3장의 모든 연이 그렇게 나누어지는 것은 아니다. 저자는 알파벳 순서를 따라 3연씩 묶어 나가다가, 의미 단위로 2개 혹은 4개의 연을 하나로 묶기도 한다.

3장은 단락 1에서 '나'라는 남자의 불행을 노래하다가, 단락 2부터 '우리'라는 공동체가 함께 하나님께 나아가자는 호소로 이어진다. 그리고 단락 3, 4에서는 다시 '나'라는 사람의 기도로 마무리된다. 3장에서 시인은 초상집에 불려 와 전문으로 애곡하는 사람의 역할을 충실히 이행한다. 3장은 한 행이 한 절로 구성되어 있다. 3행이 한 연을 이루는 방식을 따르다 보니, 행을 시작하는 히브리어 알파벳이 3절마다 한

번씩 바뀌고 있다. 3장에는 전체 애가의 요절(22-23)이 들어 있다. 그것은 3장이 애가의 진수를 보여 주고 있다는 뜻이다. 그러니까 3장은 지혜 문학으로서의 애가를 가장 잘 보여 준다.

**3장에서 사용된 이미지들**

막대기(1절), 어둠(2절), 하나님의 손(3절), 살(4절), 가죽(4절), 뼈(4절), 쇠사슬(7절), 부르짖음(8, 56, 57절), 기도를 막음(8절), 다듬은 돌(9절), 가로막는 담(9절), 곰(10절), 사자(10절), 활(12절), 과녁(12절), 화살(12, 13절), 콩팥(13절), 노래(14절), 쓴 채소(15절), 쑥(15, 19절), 자갈돌(16절), 이빨(16절), 으깸(16절), 잿더미(16절), 뒤집어씀(16절), 상속물(24절), 멍에(27절), 흙먼지(29절), 입(29, 38, 46절), 뺨(30절), 배 채움(30절), 갇힌 자(34절), 길(40절), 손바닥(41절), 하늘(41, 66절), 구름(44절), 가리다(44절), 지나가다(44절), 쓰레기(45절), 폐기물(45절), 함정(47절), 수로(48절), 눈물(49절), 굽어 살핌(50절), 눈(51절), 사냥(52절×2), 구덩이(53, 55절), 돌을 던짐(53절), 재판함(59절), 모욕함(61절), 조롱함(63절), 노래(63절).

**단락 해설**

맥락에 따라 〈단락 1〉 희망이 보이지 않는다(1-20절), 〈단락 2〉

아도나이께로 돌아가자(21-41절), 〈단락 3〉 환난은 형벌이었다(42-51절), 〈단락 4〉 원수들을 심판하셔야 합니다(52-66절)로 나누었다.

3장에서 가장 많이 나오는 주제는 '우리가 당한 환난은 하나님의 심판이었다'는 것이다. 심판을 불러온 대표적인 죄는 33-35절에 나오는 정의의 상실이다. 돈을 받고 재판을 뒤집고, 힘 있는 사람쪽으로 재판이 기울어진 죄를 가리킨다. 한국식으로 말하면 '유전무죄, 무전유죄'이다. 그래서 하나님이 직접 곰과 사자처럼 습격하시며, 전사처럼 화살을 쏘아 콩팥을 꿰뚫으시며, 열방 가운데서 쓰레기와 폐기물이 되게 하신다. 애가를 지혜문학이라고 부르는 이유가 여기에 있다. 불행으로부터 벗어나기 위한 지혜는 죄로부터 돌이키는 것임을 가르치고 있기 때문이다. 환난 가운데서 하나님의 구원을 기다리기 위해 전제되어야 할 것은 죄의 자백이다. 마치 감옥에서 복역 중인 죄수가 감형을 받고 조기 출소하기 위해서 모범수가 되어야 하는 것과 같은 이치이다.

그래서 저자는 "우리의 길들을 뒤지고 조사하자. 아도나이께로 돌아가기 위해"(40절)라고 권한다. "우리의 심장을 두 손바닥으로 하늘에 계신 하나님께 들어 올리자"(41절)고 말한다. 그렇게 할 수 있는 근거는 하나님의 자비이다. 자비는 오래오래 지속되는 하나님의 사랑을 가리킨다. 하나님은 공의의 하나님이시지만, 자비의 하나님이시기도 하다. 22-33절까지가 모두 하나님의 선하심과 자비하심에 대한 내용들이다. 애가 3장에서 두 번째로 많이 나온 주제이기도 하다.

⟨단락 1⟩ 희망이 보이지 않는다(1-20절)

1-3절에서 시인은 하나님이 마치 악한 목자처럼 자신을 학대하셨다고 호소한다.

> 1(א)  1 나는 환난을 본[31] 바로 그 남자이다/
> 2 그의 진노의 막대기로//

히브리어 본문에서 1행 첫 단어와 2행 첫 단어는 '아니'(나)와 '아니'(환난)로 음운평행이 된다. 시인은 강조용법을 사용해서 진노의 막대기로 환난을 겪은 남자가 자신이라고 고백한다. 막대기는 징계의 상징이다.

> 2(א)  1 그가 나를 내몰아 걷게 하셨다
> 2 빛이 없는 어둠 속을//

시인은 하나님이 자신을 환난과 죽음을 상징하는 어둠으로

---

31. 겪은

내몰아 걷게 하신다고 한다.

> 3(ב)  1 진정 그는 나를 자꾸자꾸 넘어지게 하신다
> 2 하루 종일 그의 손으로//

하나님의 징계를 포도 수확하는 자의 손에 비유한다(렘 6:9). 정상적인 경우 포도 수확하는 자는 가난한 자들의 것을 남기기 위해 손을 자주자주 놀리지 않는다. 그러나 아도나이의 손은 자비를 베풀지 않고 시인을 학대한다.

4-6절에서 시인은 죽음 같은 무기력을 경험하고 있다고 묘사한다.

> 4(ב)  1 그가 내 살과 가죽을 닳게 하셨고/
> 2 내 뼈를 부숴 버리셨다//

시인은 죽어 가는 과정을 그리고 있는데, 뼈가 꺾인 것은 절망적인 상태를 보여 준다. 고대인들은 죽은 후에도 뼈가 살아 있어서 사후 세계를 누린다고 믿었다. 그런데 뼈가 꺾이면 무존재가 되어 그런 혜택을 누리지 못하게 된다. 낭떠러지에서 떨어지거나, 맹수에게 먹히거나, 물고기에게 먹히거나, 불에 삼켜지는 경우 그렇게 된다. 1행과 2행이 '살과 가죽'과 '뼈', '닳게 하다'와 '부숴 버리다'로 동의평행이 된다.

5(ㄷ)　1 그가 내 위에 쌓고 두르셨다

　　　2 독초와 같은 고난을//

빠져나올 틈이 없이 환난으로 포위되고 갇힌 모습을 그리고 있다.


6(ㄷ)　1 은밀한 장소에 그가 나를 주저앉히셨다

　　　2 죽은 지 오래된 자처럼//

시인은 산 채로 죽은 자의 세계에 갇히는 경험을 한다. 살아 있으나 죽었다는 느낌에 압도되는 것이다. 6절과 31절에서 '오래전' 혹은 '영원히'로 번역한 단어 올람(עולם)은 원래 '세상'이라는 의미이다. 그래서 오는 세상을 '올람 하바아'라고 한다. 굳이 시간적으로 설명하자면 '이 세상 끝까지' 정도이다. 성경에서 '영원'이라고 할 때는 '올메이 올라밈'인데, 이는 '세상들의 세상들'이다.


7-9절은 마치 감옥에 갇힌 자처럼 무력함을 고백한다.

7(ㄱ)　1 그가 나를 둘러막아 내가 빠져나가지 못하는데

　　　2 내 쇠사슬을[32] 무겁게 하셨다//

---

32. 청동사슬을

중죄인처럼 쇠사슬에 묶인 모습을 보여 준다. 1행에서 '둘러 막아 빠져나가지 못하게 한 것'과 2행에서 '쇠사슬을 무겁게 한 것'은 동의평행이 된다.

8(ㄱ)　1 내가 부르짖고 소리치려 해도/
　　　2 그가 내 기도를 막으셨다//

독방에 갇혀 도움을 요청할 수 없도록 입이 틀어 막힌 상황을 묘사한다.

9(ㄱ)　1 그가 다듬은 돌로 내 길들을 둘러막았고/
　　　2 오솔길들을 뒤틀어 버리셨다//

통행의 자유마저 억제당한 모습을 보여 준다. "다듬은 돌"은 왕과 귀족들이 사용하는 건축 재료이다. 하나님이 마치 서민에게 횡포를 부리는 권력자들처럼 길을 막아 힘들게 한다는 의미이다. 1행에서 '가다르 드라카이'(막으셨다 내 길들을)는 비슷한 음운을 통한 언어유희이다.

10-13절은 예상 못한 재난에 속절없이 당하는 모습을 그리고 있다.

10(ㄱ)　1 그는 나를 숨어 기다리는 곰이시며/

    2 엄폐물 속의 사자이시다//

하나님은 여행자를 덮치고 찢는 곰과 사자로 그려진다.

11(ㄱ)   1 그가 내 길을 빗나가게 하시고
        2 나를 갈갈이 찢어 폐허로 두셨다//

하나님은 여행자로 하여금 길을 벗어나게 하고, 그를 찢어서 황무지에 버려두는 맹수로 그려진다. 11절의 '드라카이'(나의 길)와 12절의 '다라크'(당기다)는 음운평행이 된다.

12(ㄱ)   1 그가 활을 당기고 나를 세워 놓으셨다/
        2 화살의 과녁이라도 되는 듯//

하나님은 무방비 상태의 민간인까지 표적으로 삼는 잔인한 전사로 비유된다.

13(ㄱ)   1 내 콩팥을 뚫으셨다/
        2 그의 화살통의 화살들[33]로//

하나님은 신체의 가장 깊숙한 곳에 있는 콩팥을 화살로 맞춰 치명상을 입히는 사냥꾼이다.

---

33. 아들들

14-17절은 총체적 난관을 묘사한다.

> 14(ㄱ) 1 나는 모든 백성에게 웃음거리가 되었다/
> 
> 2 온종일 그들의 노래가[34]//

공동체의 혐오 대상이 된 시인의 모습을 보여 준다. '레콜 암미'(모든 백성에게)와 '콜 하욤'(온종일)은 음운평행이 된다.

> 15(ㄱ) 1 그가 나를 쓴 채소들로 배 채우게 하시고
> 
> 2 쑥으로[35] 목을 축이게 하셨다//

쑥은 우리나라의 쑥과 같은 풀이지만 약초로 쓸 수 없을 만큼 쓴맛이 강하다(3:19; 렘 9:15). 쑥은 성경에서 먹을 수 없는 풀의 대명사이다. 1행의 '히쓰비아니'(배 채우게 하시고)와 2행의 '히르봐니'(목을 축이게 하셨다)는 음운평행이 되고, '므로림'(쓴 채소)과 '라아나'(쑥)는 동의평행이 된다. "쓴 채소"('므로림')는 유월절 식탁에 오르는 야채인데, 애굽에서 겪은 고난을 상기시키기 위해 먹는다.

> 16(ㄱ) 1 그가 자갈돌로 내 이빨들을 으깨시고/
> 
> 2 재를 뒤집어쓰게 하셨다//

---

34. 조롱거리가
35. 독초로

극한의 신체적 상해와 슬픔을 묘사한다. 성경 시대에 자유민이 남종이나 여종의 이 하나라도 쳐서 빠지게 하는 것은 그 배상으로 종의 신분에서 해방시켜야 할 만큼 중대한 사건이었다(출 21:27). 재를 뒤집어쓰는 행위는 사랑하는 사람의 죽음을 애도하거나 죄를 회개하는 경우이다.

17(ㄱ)  **1 당신**께서 제 목숨의 온전함을 거부하시니
　　　　2 제가 좋은 것을 잊었습니다 //

어떤 종류의 즐거움도 기대할 수 없는 절망감을 표현한다.

18(ㄱ)  1 그래서 나는 말한다. "내 힘이 바닥났다 /
　　　　2 아도나이에 대한 소망도" //

시인은 자신의 삶에 절망하고, 하나님께 대한 희망마저 없어졌다고 절규한다. 하지만 그 말은 아직도 시인이 자신의 삶과 하나님에 대해 실낱같은 희망을 품고 있다는 이야기도 된다.

19(ㄱ)  1 기억하십시오! 저의 정처없음과 환난을
　　　　2 독한 쑥을 //

직접명령 형태의 동사 '기억하십시오'는 '구원하십시오'라는

의미로 받아들여야 한다(출 2:24-25; 3:5; 눅 23:42). 1행에서 '오니이'(환난)와 '므루디'(정처없음)는 음운반복을 통해 운율을 만드는 언어유희이다.

> 20(ㄱ) 1 제가 생각하고 생각해 봅니다/
> 2 그래서 제가 좌절이 됩니다[36]//

1행에서 '자코르 티즈코르'(생각하고 생각합니다)는 강조용법인 동시에 음운반복을 통해 운율을 만드는 언어유희이다.

### 〈단락 2〉 아도나이께로 돌아가자(21-41절)

21-24절을 하나의 연으로 묶어서 생각할 수도 있다. 애가 전체의 요절(要節)이라고 할 수 있는 22, 23절을 21절과 24절이 앞뒤로 감싸고 있는, A(21절)-B(22절)-B′(23절)-A′(24절)의 교차평행 구조로 볼 수 있다.

> 21(ㄱ) 1 이것을 제가 심장에 되돌립니다[37]
> 2 그러므로 저는 기다릴 수 있습니다//

21절에서 시인은 절망 가운데서도 기도를 통해 기다리는 법

---

36. 낙심이 됩니다
37. 회상합니다

을 배운다. 1행의 "심장"과 2행의 "기다림"('오힐')은 24절 1행의 '목숨'과 2행의 "기다림"('오힐')과 동의평행이 된다.

22(ㄲ) 1 우리가 망하지 않는 것은 아도나이의 자비이다/
2 그의 긍휼 때문에 우리가 끝장나지 않는다//

1행의 '키 로 탐누'(우리가 망하지 않는 것)와 2행의 '키 로 칼루'(우리가 끝장나지 않는 것)는 동의평행인 동시에 음운평행이 된다. 1행의 "자비"와 2행의 "긍휼"도 동의평행이다.

23(ㄲ) 1 그것들이 아침마다 새롭습니다/
2 **당신**의 진실이[38] 풍성합니다//

1행의 첫 단어 '하다쉼'(새롭습니다)은 22절 1행의 첫 단어로 사용된 '하스데'(자비)와 비슷한 음운으로 언어유희가 된다.

22절과 23절에서는 희망을 가지는 이유로 하나님의 성품인 '자비와 진실하심'을 든다. 자비로 번역된 '헤세드'는 변함 없는 사랑을 가리키고, '진실하심'으로 번역된 '에무나'는 참됨이라는 의미이다. 하나님의 언약은 그의 '자비와 진실하심'이 핵심이다.[39] 하나님은 자신을 이스라엘 백성에게 "인자

---

38. 참됨이
39. 시 89편은 다윗 언약의 핵심인 하나님의 자비와 성실에 대해 반복적

와 진실"('헤세드 뵈에메트')이 많은 분으로 소개했다(출 34:6). 요한복음 프롤로그에서 요한은 예수님을 "은혜와 진리"('카리스 카이 알레떼이아스')가 많은 분으로 소개했다(요 1:14). 이때 "은혜와 진리"는 출애굽기에서 히브리어로 소개된 "인자와 진실"을 헬라어로 옮긴 것이다.

> 24(ㄲ) 1 아도나이가 나의 상속물이라고 내 목숨이[40] 말했다/
> 2 그러므로 나는 그를 기다린다//

시인은 희망의 두 가지 행동인 '신앙고백'과 '기다림'을 노래한다. "상속물"('헬레크')는 토지, 가옥, 노예 등 주종관계에서 윗사람에게 하사받은 재산을 가리킨다. 왕이 신하에게, 아버지가 자녀에게 주는 것인데, 소유권은 없고 사용권만 있다. 예컨대 이스라엘의 왕이신 하나님이 나눠 주신 땅은 소유권이 하나님께 있기 때문에 영원히 매매할 수 없다. 그런데 애가 저자는 하나님을 "상속물"이라고 말한다. 그 의미는 '기쁨', '보증', '행복의 근원'이다.

25-30절은 전형적인 지혜자의 충고이다. 그런 관점에서

---

으로 묘사했다(시 89:1, 2, 5, 8, 24, 33, 49).
40. 목숨을 걸고

25-27절을 각각 하나의 연으로 보아도 좋다. 25, 26, 27절이 모두 '토브'(선하다/마땅하다)라는 단어로 시작하는 것은 우연이 아니다. 25절과 26절은 같은 의미의 단어들을 통해 동의평행이 된다. 25-27절은 삼단논법처럼 논리가 전개된다.

25(ט) 1 아도나이는 **그**를 기대하는 자에게 선하시다/
　　　 2 **그**를 찾는 사람에게//

1행의 '코봐브'(그를 기다리는 자)와 2행의 '티드러쉐누'(그를 찾는 사람)는 동의평행이다.

26(ט) 1 참아 기다리며 침묵함이 마땅하다/
　　　 2 아도나이의 구원을//

1행의 '뵈야힐'(참아 기다리며)과 '뵈두맘'(침묵하는 것)은 중언법(hendiadys)으로 볼 수 있다.

27(ט) 1 사람에게 마땅하다/
　　　 2 젊었을 때 멍에를 메는 것이//

25절이 기다림의 근거인 아도나이의 선하심을 이야기하고, 26절이 기다림의 실체인 아도나이의 구원을 말했다면, 27절은 구원이 이루어질 때까지 가져야 할 태도인 인내를 말하고 있다.

28-30절도 하나의 연으로 묶어서 생각할 필요가 있다. 매 절의 첫 단어들이 '예셰브'(앉기 바란다), '이텐'(대기 바란다), '이텐'(내주어야 한다)으로 서로 다르지만, 지혜로운 행동을 조언하고 있기 때문이다. 그 지혜로운 행동이란 재난을 감내하는 것이다. 왜냐하면 하나님의 징계를 순순히 받겠다는 의지의 표현이기 때문이다.

28(ㅇ)  1 홀로 앉아 침묵하기 바란다/
2 그가 짐 지우셨기 때문이다//

1행에서 '홀로 앉는 것'은 1장 1절 1행에서 재난을 묘사하는 첫 단어였다. 시인은 아무도 말 걸어 주지 않는 그 상황을 침묵으로 견디라고 조언한다. 2행에서 "그가 짐 지우셨다"('나탈')는 말은 앞 절 2행의 "멍에"('올')를 가리키는 것임을 알 수 있다. 하나님이 지우신 멍에이기 때문에 벗어나기만을 기다리면 안 되는 것이다.

29(ㅇ)  1 흙먼지에 입을 대기 바란다/
2 어쩌면 소망이 있을지도 모른다//

침묵할 뿐 아니라 한술 더 떠서 입을 티끌에 대라고 조언한다. '티끌에 입을 대다'는 말은 '가장 낮은 자리에 내려간다'

는 의미이다. 에덴동산에서 뱀에게 내려진 선고가 '흙을 먹어야 한다'는 것이었다.

30(ㅍ)　1 때리는 자에게 뺨을[41] 내주어야 한다

　　　　2 수치로 배를 채워야 한다//

1행과 2행은 동의평행이다. '때리는 자에게 뺨을 내주는 것'이나 '수치로 배를 채우는 것' 모두 아이러니이며 풍자이다. "때리는 자에게 뺨을 내주어야 한다"는 말은 예수 그리스도가 산상수훈에서 애가와 같은 의미로 사용했다(마 5:39). '싸바아'(배를 채우다)라는 동사는 애가에서 모두 3번 사용되었는데, 모두 참된 만족에 이르지 못하는 상황을 묘사했다.

31-33절도 하나의 연으로 묶어서 생각할 만하다. 세 절 모두 하나님의 성품을 가지고 재난을 감내해야 할 이유를 설명하고 있기 때문이다.

31(ㅋ)　1 내쫓지 않으시기 때문이다

　　　　2 나의 주가 영원히//

하나님의 징계가 한시적이기 때문이라고 말한다.

---

41. 턱을

> 32(ㄷ)  1 단지 괴로워하게 하실 뿐/
>
> 2 풍성한 자비를 따라 그가 불쌍히 여기신다//

32절은 고통보다 하나님의 자비와 긍휼이 크기 때문이라고 말한다.

> 33(ㄷ)  1 그가 진심으로 고생시키지 않고/
>
> 2 사람의 아들들을 괴롭게 하지도 않으시기 때문이다//

사람을 괴롭히는 것이 하나님의 본심은 아니기 때문이라고 말한다.

34-36절 역시 한 연으로 묶을 수 있다. 그럴 경우 점층평행 구조가 된다. 시인은 사법 정의가 실현되지 못한 것이 하나님의 심판을 불러온다고 말한다. 예루살렘 패망의 원인은 사법체계의 부패에 있었다는 것이다.

> 34(ㄹ)  1 발 아래 밟는 것은/
>
> 2 세상의 모든 갇힌 자를//

갇힌 자를 짓밟는 것은 약자를 학대하는 것이다. 고대 세계에서 빚을 갚지 못하면 감옥에 갇히고 종으로 팔리는 길밖에 없었다. "세상의 모든 갇힌 자"가 말하는 것은 하나님의 통치가 세상 전체에 미친다는 의미이다.

35(ㅎ) 1 사람의 재판을 치우치게 하는 것은 /
    2 엘리욘의[42] 얼굴 맞은편에서 //

엘리욘이 신들을 감독하는 신이라는 개념은 시편에 나온다 (시 82:1, 6, 7). 신들이라도 재판을 잘못하면 극형에 처해진다.

36(ㅎ) 1 송사에서 사람을 억울하게 하는 것은 /
    2 내 주께서 보아 넘기지[43] 않으신다 //

주님은 잘못된 재판을 최종적으로 바로잡으시는 분이다.

37-39절은 모두 수사적 질문(rhetorical question)을 사용했다는 점에서 공통점이 있다. 수사적 질문은 현자들이 교육 목적으로 사용하는 도구이다(잠 23:29). 그런 관점에서 세 절을 하나의 연으로 묶을 수 있다. 37-39절 모두 예루살렘의 재난이 세상의 잘못된 사법 체계를 바로잡으시는 엘리욘 하나님으로부터 왔다는 사실을 밝힌다.

37(ㅁ) 1 내 주께서 명령하지 않으셨다면 /
    2 말씀하여 이루는 분이 누구란 말인가? //

---

42. 지극히 높으신 분의
43. 용납하지

재난은 하나님의 선고에 따라 집행되는 정의의 구현이다. 하나님은 지상의 법정에서 왜곡시킨 정의를 천상의 재판정에서 바로잡으신다.

> 38(מ) 1 엘리욘의 입에서 나오지 않는가?/
> 2 재앙과 복이//

재앙과 복은 엘리욘의 입으로 선포되는 말씀의 성취이다. 하나님의 결정은 최종적이다.

> 39(מ) 1 살아 있는 사람이 왜 불평하는가?/
> 2 자신의 형벌에 대해//

정의로운 하나님이 내린 형벌에 대해 누구도 불평할 수 없다. 남자('게베르')가 누구를 가리키는지 명확하지 않다.

40-47절에서 마침내 시인은 '우리'라는 대명사를 사용해서 불행이 죄 때문에 왔음을 고백하며, 하나님께로 돌아가야 한다고 조언한다. 시인이 공동체와 더불어 죄에 대한 책임의식을 드러내는 것이다. '우리'라는 대명사로 시작하는 단락에서 핵심 구절은 40, 41절이다. 관점에 따라 22, 23절 못지않게 중요한 구절이라고 할 수 있다.

40(ᄀ)   1 우리의 길들을 뒤지고 조사하자/

   2 아도나이께로 돌아가기 위해//

1행에서 '나흐페싸'(뒤지고)와 '나흐코라'(조사하자)는, 비슷한 음운을 사용한 언어유희이자 같은 의미를 반복한 중언법이다. 아도나이께로 돌아가기 위해, 규범에서 얼마나 벗어나 있는지 살펴보자는 것이다. 길을 잃은 여행자가 최초 길을 잃은 지점에까지 돌아가는 이미지이다. 첫 단어 '하파쓰'는 라반이 잃어버린 드라빔을 찾기 위해 라헬의 장막을 샅샅이 뒤질 때 사용되었다(창 31:35).


41(ᄀ)   1 우리의 심장을 두 손바닥으로 들어 올리자/

   2 하늘에 계신 엘을[44] 향해//

1행의 '엘-카파임'(두 손바닥으로)과 2행의 '엘 엘'(엘을 향해)은 음운평행이자 위쪽 방향을 가리키는 이미지의 평행이다. 2행의 '엘 엘'은 그 자체로 언어유희가 된다. 하나님께로 돌아가는 것은 심장을 두 손바닥으로 하나님을 향해 들어 올리는 것이라는 표현이 흥미롭다. 이 이미지는 애가 2:19 5행에서 "네 두 손바닥을 들어 올려라! 그를 향해"라는 문장과 같은 표현이다.

---

44. 하나님을

## 〈단락 3〉 환난은 형벌이었다(42-51절)

시인은 '우리'라는 대명사를 47절까지 사용하다가 다시 '나'라는 1인칭 대명사 문장으로 돌아온다. 이후 〈단락 4〉(52-66절) 끝까지 1인칭 대명사 문장이 이어지지만, 의미상 〈단락 4〉는 원수들을 심판해 달라는 탄원이기 때문에 별개의 단락으로 취급했다.

> 42(נ)  1 우리가 거역하고 반역했기에/
> 2 **당신**께서 용서하지 않으셨습니다//

42절은 첫 단어가 '눈'(נ)으로 시작하기 때문에 앞의 단락에 들어가야 하지만, 의미상 하나님의 형벌이라는 주제로 시작하는 〈단락 3〉에 포함시켰다. 1행과 2행은 원인과 결과라는 논리로 종합평행 구조이며, 1행의 '나흐누'(우리가), '파샤흐누'(거역했습니다), '우마리이누'(그리고 반역했습니다)라는 세 단어는 음운평행을 통해 운율을 만들고 있다. 공동체의 죄가 '죄악을 저지름과 회개하지 않은 완고함'이라는 두 가지 이슈였음을 고백한다. 그 죄악과 완고함이 43-47절에 열거된 끔찍한 결과들을 낳았다는 것이다.

43(ㄷ) 1 진노로 **당신**을 가리시고 우리를 뒤쫓으시며/

　　　 2 아낌없이 쳐 죽이셨습니다//

2행에서 '하라그타'(당신께서 쳐 죽이셨습니다)로 '하말타'(아낌없이)는 운율을 만들기 위한 언어유희이다.


44(ㄷ) 1 구름으로 **당신**을 가리셔서/

　　　 2 기도가 지나가 버리게 하셨습니다//

1행의 '사코타 베아난'(구름으로 가리시고)은 43절 1행의 '사코타 바아프'(진노로 가리시고)와 음운과 의미로 동의평행이 된다.


45(ㄷ) 1 우리를 쓰레기와 폐기물로 만드셨습니다

　　　 2 민족들 가운데서//

지독한 무력감과 수치심을 묘사한다.


46-47절은 한 연으로 묶어도 좋을 것이다.

46(ㅍ) 1 우리에 대해 입을 벌립니다

　　　 2 우리의 모든 원수들이//

1행에서 원수들의 '벌리는 입'은 47절에서 '두려운 함정'과 이미지로 평행이 된다.

> **47(ㄹ)** 1 두려운 함정이 우리에게 있습니다
>
> 2 황폐한 산산조각 남이//

원수들이 가하는 치명적 위협이라는 의미에서 46절과 동의평행이 된다.

48-51절은 시인의 눈에서 흐르는 눈물을 소재로 한 연으로 묶을 수 있다.

> **48(ㅍ)** 1 제 눈에서 수로의 물줄기가 흘러내립니다/
>
> 2 딸 내 백성의 산산조각 남 때문에//

1행의 "수로의 물"('팔게 마임')은 샘에서 경작지로 끌어오는 물이다. 그래서 언제나 마르지 않고 흐른다. 시편 1편에서 '시냇가에 심은 나무'는 '수로('팔게 마임') 옆에 심은 나무'이다.

> **49(ㅄ)** 1 제 눈에서 쉬지 않고 흘러나옵니다
>
> 2 멈추지 않습니다//

눈물이 그치지 않고 흐르는 눈은 수로의 근원인 샘의 이미지이다. 히브리어로 샘('엔')과 눈('엔')은 같은 단어이다. 49절은 이미지와 의미로 48절과 동의평행이 된다.

50(צ)  1 그가 굽어살피시고 보실 때까지/

　　　 2 아도나이께서 하늘로부터//

1행에서 "굽어살피시고 보실 때까지"라는 표현은 같은 의미의 단어들을 반복하는 중언법이다. 그러니까 시인의 눈물은 여호와의 구원을 갈망하는 기도이다. 눈물이 아래로 흐르는 이미지와 하나님이 하늘에서 예루살렘을 굽어살피시는 이미지가 평행이 된다.

51(צ)  1 제 눈이 제 목숨을 호되게 다룹니다/

　　　 2 도시의 모든 딸들 때문에//

시인은 지금까지 아도나이로부터 호되게 다루어졌다고 하소연했었다(1:12, 22; 2:20). 이제 시인은 예루살렘의 딸들 때문에 흘리는 눈물로 자신의 목숨을 호되게 다루고 있다.

〈단락 4〉 원수들을 심판하셔야 합니다(52-66절)

52-66절은 예레미야서에 나오는 7개의 애가들 가운데 6개(렘 11:18-23; 12:1-6; 15:10-21; 17:14-18; 18:18-23; 20:7-13)와 많은 부분이 닮아 있다. 예레미야가 원수들을 하나님의 재판정에 고발하듯, 애가의 시인도 하나님이 원수들을 재판해 주시기를 탄원한다.

52-54절을 점층평행 구조의 한 연으로 묶어도 좋을 것이다. 시인은 원수들의 폭력으로 인한 죽음의 공포를 점층식으로 묘사한다.

> 52(צ) 1 그들이 새 사냥하듯 정녕 저를 사냥합니다
> 2 원수들이 까닭 없이//

1행의 '쪼드(사냥합니다) 쪼드니(저를 사냥합니다) 카찌포르(새처럼)'라는 문장은 운율을 만들기 위해 비슷한 음운으로 언어유희를 하고 있다. '까닭 없이'로 번역된 '히남'의 어근은 까닭 없이 주는 선물인 '은혜'를 가리키는 '헨'이다.

> 53(צ) 1 저를 구덩이에서 산 채로[45] 침묵시키려고/
> 2 저에게 돌을 던집니다//

구덩이에 던져져 석형을 당하는 모습을 묘사하는데, 이는 예레미야가 실제로 겪었을 수도 있는 일이다. 시인이 구체적으로 누구로부터 구덩이에 던져져 투석형을 당하고 있는지 알 수는 없다.

> 54(צ) 1 물이 제 머리 위에 넘쳐흘러서

---

45. 제 삶을

2 제가 말합니다. "제가 끊어졌습니다"[46] //

시인은 자신을 물구덩이에 빠뜨려져 죽게 된 사람에 비유하고 있다. 53, 54절이 장관들과 시드기야 왕의 미움을 산 예레미야가 구덩이에 던져져 목숨이 경각에 달렸던 상황을 연상시킨다(렘 18:20; 38:6).

55-60절은 시인이 환난 가운데에서 받은 구원을 증언하고 있다. 아마도 예루살렘 함락 때 기적 같은 기도의 응답으로 살아남은 사실을 고백하는 것으로 보인다. 다시 말해 살아 있다는 것 자체가 하나님의 은총을 받은 증거라는 것이다.

55-57절도 하나의 연으로 묶을 수 있다. 세 절이 '부르다'(55절), '소리를 듣다'(56절), '부르다'(57절)로 연결되기 때문이다.

55(ㅍ) 1 제가 아도나이 **당신**의 이름을 부릅니다/

2 구덩이 밑바닥에서//

물구덩이 바닥에서의 구원을 위한 부르짖음은, 출애굽기 15장의 모세의 노래와 요나서 2장의 요나의 기도를 연상시킨다.

---

46. 죽었다

> 56(פ) 1 **당신**은 저의 음성을 들으시오니//
>
> 2 저의 숨돌림과[47] 도움 요청에 귀를 막지 마시기 바랍니다//

1행의 '콜리'(저의 음성)와 2행의 '샤브아티'(저의 부르짖음), 1행의 '샤므아타'(당신은 들으십니다)와 2행의 '타알렘 오즈네카'(귀를 막지 마십시오)가 동의평행이 된다. 2행의 '레라브하티'를 개역개정에서는 '나의 탄식'으로 번역했는데, '나의 숨 돌림'(회생)으로도 번역이 가능하다. 이 단어의 어근은 "숨"('루아흐')인데, 숨을 돌리는 것으로 해석하면 구원이 되고(출 8:15), 내뿜는 것으로 해석하면 탄식이 된다.[48] 숨을 돌리는 것은 이미 구원받은 것에 대한 안도의 심호흡이고, 숨을 내뿜는 것은 아직 구원받지 못한 것에 대한 부르짖음이나 한숨이다.

> 57(ק) 1 **당신**께서 가까이 오십니다. 제가 **당신**을 부르는 날에/
>
> 2 **당신**께서 이르십니다. "두려워 말기 바란다"라고//

1행과 2행은 음운평행이 된다. 1행의 '카라브타(당신께서 가까이 오십니다) 베욤 에크라에카'(제가 당신을 부르는 날에)도 음운평행이고, 2행의 '아마르타(당신께서 이르십니다) 알 티르아(두려워 말

---

47. 구원과
48. 개역개정은 70인역(LXX)를 따랐다.

기 바란다)'도 음운평행이다.

    58-66절은 재판장이신 하나님을 향한 시인의 탄원이다. 시인은 앞 단락에서 상기한 하나님의 구원이 원수들에 대한 심판으로 재현되기를 바라고 있다. 여기서 원수들은 하나님의 백성을 까닭 없이 괴롭히는 외적들을 가리킨다. 그런데 1인칭 화법으로 묘사하는 미래의 상황은, 시인이 개인적으로 경험했던 과거의 사건을 배경으로 하고 있는 것처럼 보인다. 무죄한 시인을 살해하려고 모의했던 자들이 심판을 받았던 사건의 연장선상에서, 하나님의 백성을 괴롭히는 외적들도 심판을 받게 해 달라는 호소라고 볼 수 있는 것이다. 크게 세 연으로 나눌 수 있는데, 첫 연(58-60절)은 재판장에게 제출하는 원고의 고발장, 둘째 연(61-63절)은 원수들에 대한 증거, 셋째 연(64-66절)은 원수들에게 내려지기를 바라는 형량이다.

〈첫째 연〉(58-60절)

> 58(ㄱ) 1 내 주는 제 목숨이 걸린 송사를 맡으시고
>       2 제 삶을 책임지십니다[49] //

1행의 '제 목숨이 걸린 재판을 맡으시고'와 2행의 '제 삶을

---

49. 제 삶을 대속하십니다

책임지십니다'는 전형적인 동의평행이다. '책임지다'로 번역한 '가알'은 대신해서 갚아 주는 것을 의미하는데, 살인에 대한 복수와 채무변제가 모두 포함된다. 여기서 하나님은 시인에게 제일 가까운 친척이다.

59(ר) 1 아도나이시여, **당신**께서 저의 압제당함을 보시니/
2 저에게 올바른 판결을 내려 주십시오//

2행에서 직접명령 형태의 동사 '샤프타'(판결을 내려 주십시오)는 구원받기를 바라는 절박한 탄원이다.

60(ר) 1 **당신**께서 그들의 모든 앙갚음을 보십니다/
2 저를 향한 모든 음모를//

1행과 2행이 음운과 의미로 동의평행이 된다. 2행에서 시인을 향한 음모는 예레미야를 고소해서 처형하려 했던 악인들을 떠올리게 한다(렘 18:18-19).

〈둘째 연〉(61-63절)

61(ש) 1 **당신**께서 그들이 하는 모욕을 들으십니다. 아도나이시여,/
2 저에 대한 모든 음모를//

60절의 '음모를 보다'와 본절의 '음모를 듣다'가 의미상 동의평행이 된다.

62(ש) 1 저를 대적하는 입술과 그들의 웅얼거림을/

2 온종일 저에 대해//

1행의 '웅얼거림'은 시편 1:2의 '묵상'을 가리키는 단어와 어근이 같다. 성경에서 이 단어는 대부분 소리 내어 말하는 것(수 1:8; 시 2:1; 35:28; 63:6; 잠 8:7), 짐승의 우는 소리나 사람의 통곡을 가리켰다(사 31:4; 38:14; 렘 48:31).

63(ש) 1 그들의 앉고 일어섬을 살펴보십시오!/

2 저는 그들의 조롱 노래입니다//

1행의 "살펴보십시오"는 직접명령 형태이다. "앉고 일어섬"은 시인을 대적하는 자들의 행동인데, 시편 1:1에서 '오만한 자의 자리에 앉고, 죄인의 길에 서 있는 것'을 연상시킨다. 물론 일어섬('키마')과 서 있음('아마드')는 단어와 의미가 다르다. 일어섬은 적극적 행동으로 나서는 것을 가리키고, 서 있음은 무리 가운데 열을 지어 있음을 가리킨다.

〈셋째 연〉(64-66절)

64(ת) 1 **당신**의 보응이 그들에게 돌아가야 합니다. 아도나이시여,

> 2 그들의 손이 행한 대로//

애가의 저자는 유독 "돌아가다"('슈브')라는 동사를 많이 사용한다(1:11, 16, 19; 2:14; 3:40, 64; 5:21×2). 하나님이 놀라운 일을 행하시는 데서 기존의 질서로 돌이키시기를 바라는 마음이 큰 이유일 것이다.

> 65(ת) 1 그들에게 완고한[50] 심장을 주셔야 합니다/
> 2 **당신**의 저주가 그들의 것입니다//

흥미로운 것은 1행의 "완고한 심장"과 2행의 "저주"가 평행 단어이다. 원수들이 죄악을 돌이키지 않기에 심판받는 저주를 내리시라는 것이다.

> 66(ת) 1 진노함으로 뒤쫓아 가 진멸하셔야 합니다/
> 2 아도나이의 하늘 아래에서//

원수들이 어느 곳에서도 살지 못하도록 추적해서 파멸시켜 달라는 탄원이다.

### 3장을 관통하는 문학적 기법

3장에서 먼저 눈에 띄는 문학적 기법은 치환(replacement)이다.

---

50. 방패로 가려진

저자는 불행당한 자의 고통을 자신의 것으로 치환한다. 전체 66절 중 '나'라는 1인칭 단수 화법의 문장은 38절이나 되는데, 그렇게 묘사한 대상은 저자 자신이 아니라 불행당한 자인 것이다. 저자는 자신을 하나님으로부터 징계받은 자, 적들로부터 위협과 조롱을 당한 자, 하나님께 부르짖어 응답받은 자, 하나님이 적들에게 보복해 주시기를 탄원하는 자로 묘사한다. 그럼으로써 불행당한 자가 저자의 애가에 귀를 기울이고 하나님을 향해 마음을 열게 만든다. 그런 다음 저자 자신과 불행당한 자를 공동운명체로 묶어, '우리'라는 대명사로 시작하는 1인칭 복수 화법 문장을 구사한다. 그는 불행당한 자에게 자신과 함께 하나님께 죄를 인정하고 회개하자고 권유한다. 그럼으로써 불행당한 자가 현재의 불행한 상황으로부터 미래의 희망적 상황으로 나아갈 수 있게 하고자 스스로를 객관적으로 보게 만든다. 단순히 그는 불행당한 자를 위로하는 데 그치지 않고, 스스로를 있는 그대로 보게 함으로써 닫힌 마음을 치유하고 있는 것이다.

3장에서 눈에 띄는 또 한 가지 기법은 반전(turn around)이다. 1-18절에서 저자는 하나님께 받은 징계를 열거한 다음, 하나님께 대한 기대와 믿음을 상실했다고 고백한다. 그러다가 19-33절에서 갑자기 태도를 바꾸어 하나님의 선하심에 대해 열거하며, 그의 구원을 기대해도 좋다고 말한다. 필요하다면 조롱하는 자 앞에서 티끌에 입을 대고, 때리는 자에게 뺨을 내주어 치욕으로 배부른 것도 나쁘지 않다고 말한다. 그렇게 하는 것이 하나님의 징계를 순순히 받아들이는 태도가 되기 때문이다. 하나님은 자기 백성이 징계를 순순히 받아들이기를 원한다(렘 2:30). 불행에서 벗어날 수만 있다면, 티끌에 입을 대고 뺨을 순순히 맞는 것을 마다할 이유는 없을 것이다. 그런가 하면 42-47절에서 하나님의 가차 없는 징계를 묘사해 놓고, 57-58절에서 하나님이 "두려워 말라"고 이야기하시고, 자기 생명을 책임지신다고 고백한다. 단순히 미래에 받을 응답과 구원을 말하는 데 그치지 않고, 지금 징계와 불행의 현장에 구원의 하나님이 임재해 있으시다고 상황을 반전시켜 묘사하는 것이다.

## 애가 4장

애가 4장은 1, 2장처럼 "어찌하여"('에이카')라는 단어로 시작한다. 2절에서 "어찌하여"라는 단어가 1차례 더 사용된다. 4장은 패망 이후 생존자들의 비참한 삶을 묘사하고 있으며,

죽은 자보다 못하게 누추한 삶을 이어 나가는 고통을 그리고 있다. 4장도 1-3장처럼 여전히 '페'(ㅍ)와 '아인'(ㅇ)의 철자 순서가 바뀌어져 있다.

**4장에서 사용된 이미지들**

순금(1, 2절), 성소(1절), 길거리(1, 5, 8절), 쏟음(1, 11, 13절), 시온(2, 11절), 질그릇(2절), 토기장이(2절), 손(2, 10절), 자칼(3절), 타조(3절), 젖먹이(4절), 어린아이(4, 10절), 빵(4절), 진홍색 옷(5절), 거름 더미(5절), 소돔(6절), 무너짐(6절), 눈(7절), 우유(7절), 몸(7절), 뼈(8절), 산호(7절), 사파이어(7절), 숯(8절), 피부(8절), 막대기(8절), 찔림(9절×3), 칼(9절), 삶음(10절), 음식(10절), 진노하다(11절), 불(11절), 삼킴(11절), 왕(12절), 성문(12절), 예언자(13절), 사제(13, 16절), 피(13, 14절), 눈먼 자들(14절), 속옷(14절), 도망침(15절), 얼굴(16절), 장로(16절), 눈(17절), 광장(18절), 하늘(19절), 독수리(19절), 광야(19절), 구덩이(20절), 그늘(20절), 잔(21절), 벌거벗음(21절), 유배(22절).

감정에 따른 색깔과 예루살렘 파괴의 이미지도 눈에 띈다. 행복했던 과거를 상징하는 색은 황금색(1, 2절), 진홍색(5절), 붉은색(7절), 흰색(7절), 파란색(7절)이고, 고통스러운 현재는 어두운 색(8절)으로 상징된다. 그리고 예루살렘을 불태웠

던 화재의 이미지는 숯(8절), 불(11절)이다.[51]

**단락 해설**

애가 4장은 내용상 세 단락으로 나눌 수 있다. 첫째로 과거의 영화와 현실의 비참함에 대한 대조(1-10절), 둘째로 현실의 재난이 죄의 결과임을 시인(11-20절), 셋째로 용서의 확신과 에돔에 대한 심판 예고(21-22절)이다. 첫 단락의 모든 연은 행끼리 대조를 이루며 아이러니 상황을 묘사한다. 둘째 단락은 1행이 2행과 논리적 상관관계로 연결되며 연을 구성하는 방식으로 전개된다. 셋째 단락은 다시 첫 단락처럼 1행과 2행이 대조를 이루며 연을 구성하는 방식으로 마무리된다. 4장에서 시인이 유다를 함락시킨 장본인 바벨론 못지않게 에돔에 대해서 적개심을 가지고 있다는 사실이 흥미롭다. 유다와 에돔은 조상 때부터 라이벌 관계였고, 역사적으로도 틈만 나면 서로 물고 물리는 관계였다.

〈단락 1〉 우리 삶이 산산조각 났다(1-10절)

이 단락에서는 극심한 굶주림을 주제로 행복했던 과거와 비

---

51. 윤성덕, 『예레미야애가』, 연세신학백주년 기념 성경주석, 대한기독교서회, 2014, 128쪽.

참한 현실을 대조시키고 있다.

> 1(א) 1 어찌하여 금이 빛을 잃었는가?[52]/
> 2 순금이 변했는가?//
> 3 성소의 돌들이 쏟아졌는가?/
> 4 모든 길거리 모퉁이에//

4장은 변질될 수 없는 순금이 빛을 잃었다는 말로 시작한다.[53] 1, 2행은 은유이고 3, 4행은 서술로서 종합평행이 된다. 3행에서의 성소의 돌들은 최고의 석공들이 육면체로 다듬은 돌들이다. 성소의 돌이 길거리에 흩어진 것은 금이 변한 것처럼 충격적인 모순이다.

> 2(ㄹ) 1 찌욘의 아들들이 고귀했는데/
> 2 순금과 맞바꿀 만했는데//
> 3 어찌하여 토기 조각같이 취급되었는가?/
> 4 토기장이의 손으로 빚은//

1, 2행과 3, 4행은 반의평행이 된다. '에이카'라는 의문사는 3

---

52. 어떻게 상상할 수 없는 일이 일어났는가?
53. 투탕카멘의 얼굴에 덮혀 있는 황금마스크를 떠올려 보라. 영원함의 상징인 황금은 변치 않는 것을 특징으로 한다.

장에서 사용되지 않은 것에 대한 보충으로 다시 한번 나온 것으로 보인다.

> 3(ג) 1 자칼들도 젖을 내밀어/
> 2 새끼들을 먹이는데//
> 3 딸 내 백성은 잔인하여/
> 4 광야의 타조와 같구나//

1, 2행과 3, 4행은 반의평행이 된다. 1행의 '자칼'은 원문에 '타닌' 혹은 '타님'으로 되어 있다. 성경 다른 곳에서 '용', '괴물', '뱀'으로 번역된 단어이다. 4행의 타조는 알을 땅에 묻어 지열로 부화시키기 때문에, 자녀를 돌볼 수 없는 예루살렘 여인들에 비유되었다. 하나님의 백성이 야생동물인 자칼만도 못하고, 자녀를 유기하는 타조처럼 된 현실을 괴로워한다. 자칼과 타조가 이미지 평행이 된다.

> 4(ㄱ) 1 젖먹이의 혀가 달라붙었다
> 2 목이 말라 입천장에//
> 3 어린아이들이 빵을 요청하지만/
> 4 그들을 위해 찢어 주는[54] 사람이 없다//

---

54. 나누어주는

1행에서 혀가 입천장에 붙었다는 것은 갈증으로 울음소리마저 낼 수 없게 되었다는 의미이다(시 22:15). 3행과 4행은 반의평행이 된다. 굶주림으로 죽어 가는 아이를 배제하고 어른이 음식을 먹는 현실은 질서가 뒤집힌 세상을 단적으로 보여 준다. 인명피해의 첫 번째 사례이다.

5(ㄱ)  1 맛난 음식을 즐기던 자들이 /

2 길거리들에 버려졌고 //

3 비싼[55] 옷을 입던 자들이 /

4 거름 더미를 껴안고 있다 //

1, 2행과 3, 4행이 동의평행이 된다. 부잣집 출신들도 굶주린 채 방황하는 모습을 그렸다. "맛난 음식"('마아단님')은 왕의 식탁에 올리거나 부모에게 특별히 드리는 음식을 가리켰다. 비싼 옷은 진홍색으로 물들인 특권층의 옷이다.

6(ㄱ)  1 딸 내 백성의 형벌이 크다 /

2 소돔의 형벌보다 //

3 그녀가 순식간에 무너졌다 /

4 손을 쓰지 않았는데도 //

---

55. 진홍색

소돔과 예루살렘의 이미지가 평행이 되고, 1, 2행과 3, 4행이 동의평행이 된다. 예루살렘의 죄가 소돔 사람들의 죄보다 더 컸음을 강조한다. 3행의 '그녀'는 소돔을 가리킨다. 소돔의 대표적 죄는 빈민과 나그네를 학대해서 의로운 피를 흘린 것이다.

7절과 8절은 반의평행 구조인 하나의 연으로 묶어서 생각할 수 있다.

7(ז)  1 나지르인들은[56] 눈보다 눈부시고/

2 우유보다 희었었다//

3 몸이 산호보다 붉었고/

4 광택은 사파이어였었다//

1행(3단어)과 2행(2단어), 3행(3단어)과 4행(2단어)의 조합은 키나 형식이 된다. 나실인은 넓은 의미에서 귀족과 고관의 자녀들까지 포함한다. 나실인의 외모에 대한 4번의 칭찬은 4개의 이미지로 평행이 되며, 3번의 직유와 1번의 은유가 사용되었다.

8(ח)  1 그들의 얼굴이 숯보다 어두워져서/

---

56. 헌신된 자들은

2 길거리에서 알아볼 수가 없다//

　　　3 피부가 뼈에 달라붙어/

　　　4 나무 막대기처럼 말랐다//

1행의 '샤하크 미샤호르'(숯보다 어둡다)는 언어유희이고, 3행의 '짜파드 오람 알 아쯔맘'(그들의 피부가 뼈에 달라붙었다)은 음운평행이다. 3행의 '아쯔맘'(그들의 뼈)과 4행의 '카에쯔'(막대기 같다)도 비슷한 이미지와 음운을 통한 언어유희이다.


　9(ㄸ)　1 칼에 찔린 자들이 더 낫다/

　　　2 굶주림에 찔린 자들보다//

　　　3 그 찔린 자들이[57] 쏟아졌다/

　　　4 밭의 소산물 있는 곳에서//

1, 2행은 칼에 맞아 죽은 자가 굶주려 죽은 자보다 낫다는 문장으로 반의평행이 된다. 그리고 3, 4행은 그 이유를 설명하는 듯하다. 그러나 칼에 찔린 자들이 밭의 소산물이 있는 곳에서 죽었기 때문에 낫다는 것인지, 죽음에 이르는 시간이 짧기 때문에 낫다는 것인지 명확하지 않다. 인명피해 두 번째 사례이다.

---

57. 칼에 찔린 자들이

10(ㅊ)　1 자애로운 여인들의 손이/

2 자기네 아이들을 삶았다//

3 그들이 먹을거리가 되었다/

4 딸 내 백성이 산산조각 날 때에//

1, 2행과 3, 4행은 동의평행이 된다. 자녀의 인육을 먹었다는 표현을 액면 그대로 받아들일 경우 이는 신명기의 저주가 성취되었음을 의미한다(신 28:57). 아마도 살아 있는 자녀가 아닌, 굶주려 죽은 자녀의 인육을 먹었을 것이다. 인명피해 세 번째 사례이다.

〈단락 2〉 사제들과 예언자들의 살인 때문이다(11-20절)

11(ㅋ)　1 아도나이께서 화를 끝까지 내시고/

2 맹렬한 진노를 쏟아부으셨다//

3 그가 찌온에 불을 지르시니/

4 그것이 기초를 삼켜 버렸다//

1행과 4행, 2행과 3행은 동의평행이 된다. 1행의 '화를 끝까지 내는 것'은 건물의 '기초까지 삼켜 버리는 것'과 같은 의미이고, 2행의 '맹렬한 진노를 쏟아부은 것'은 '찌온에 불을 붙인 것'과 같은 의미이기 때문이다.

12(ㅋ)　1 세상의 왕들이 믿지 않았다/

　　　　2 온 땅의 모든 거민도//

　　　　3 적과 원수가 들어갈 줄은/

　　　　4 예루살라임 성문으로//

1행의 "세상의 왕들"에서부터 2행의 "온 땅의 모든 거민"을 거쳐 3행의 "적과 원수"를 지나 4행의 "예루살렘 성문"에 이르기까지 점층평행 구조로 진행된다. 바벨론과 유다는 한때 반(反) 앗수르 동맹의 핵심 국가였다. 하나님이 다윗 왕조를 책임지겠다고 약속하신 이후, 유다 백성에게 예루살렘은 무너질 수 없는 하나님의 도성으로 인식되어 왔다.


13(ㅁ)　1 예언자들의 죄악과/

　　　　2 사제들의 불의 때문이다//

　　　　3 저희가 그녀 안에서

　　　　4 의인들의 피를 쏟아부었다//

1, 2행과 3, 4행은 동의평행이 된다. 결국 예루살렘의 패망을 불러온 죄는 종교지도자들의 사법 살인이었음이 밝혀진 것이다. 11절에서 아도나이가 '진노를 쏟아부은 것'은 그들이 거룩한 도시 예루살렘 안에서 '의인들의 피를 쏟아부은 것'의 결과라는 것이다.

14-15절은 종교지도자들이 접촉 불가능할 정도로 더럽게 되어, 이방인들도 멀리하게 되었음을 보여 준다. 부정하게 된 그들은 더 이상 종교지도자 행세를 할 수 없게 되었다.

> 14(ב) 1 눈먼 자들처럼 길거리에서 방황하니/
> 2 그들이 피의 보복을 당했다//
> 3 누구에게나 금지되었다/
> 4 그들의 속옷 만지는 것이//

1, 2행과 3, 4행은 동의평행이 된다. 1, 2행에서 의인의 피를 흘린 자가 방황하는 모습은 아벨을 살해한 가인이 방랑자가 된 것을 연상하게 한다. 그들이 속옷을 입고 길거리에 나선 모습은 나체 상태의 비참함을 상징한다(사 14:19).

> 15(ס) 1 부정하니 물러서라고 사람들이 그들에게 외친다
> 2 물러서라! 물러서라! 닿지 말기 바란다/
> 3 그들이 도망치며 방황할 때//
> 4 이방인들이 일렀다/
> 5 저들이 다시는 얹혀살지[58] 못할 것이다//

사제들과 예언자들이 불가촉천민으로 취급받는다. 1행부터

---

58. 난민으로 살지

5행까지 점층평행 구조로 되어 있다. 그들은 접촉기피의 대상이며, 도망치고 방황하며, 마침내 난민 대우도 받지 못한다.

16(ㅍ)  1 아도나이의 얼굴이 그들을 나누셨고/
         2 다시는 살펴보지 않으신다//
         3 그들이 사제들의 얼굴을 봐주지 않고/
         4 장로들을 불쌍히 보지 않는다//

1, 2행과 3, 4행은 동의평행이 된다. 1, 2행에서는 아도나이가 그들을 박대하고, 3, 4행에서는 이방인들이 박대한다. 1행에서 "아도나이의 얼굴"은 아도나이를 가리키는 대유법이다.

17절부터 20절까지는 '우리'라는 대명사를 주어로 노래가 이어진다. 이때 '우리'가 누구인지 분명하지 않다.

17(ㅂ)  1 우리의 눈이 완전히 끝장났다/
         2 헛되이 도움을 향해//
         3 우리가 둘러보고 또 둘러보았다/
         4 구원하지 못할 민족을//

1, 2행과 3, 4행은 동의평행이 된다. 역사적으로 유다는 위기 때마다 아람, 애굽, 바벨론 등 여러 나라에 도움을 요청했다.

18-19절은 전쟁이 끝나고도 남아 있는 노략꾼들 때문에, 숨어 있는 곳에서 밖으로 나갈 수 없는 처지가 되었음을 보여준다. 아마도 노략꾼들은 인신매매를 목적으로 사람 사냥을 했을 것이다(욜 3:3).

> 18(צ) 1 그들이 덫을 놓고 또 놓았다/
> 2 광장에서 우리 발걸음에//
> 3 우리의 끝이 가깝고, 우리 날들이 다했다
> 4 참으로 우리의 끝이 이르렀다//

1, 2행과 3, 4행은 동의평행이 된다. 사냥꾼의 목표물이 된 이상 죽음은 시간 문제라는 것이다.

> 19(ק) 1 우리를 뒤쫓는 자들이 빠르다/
> 2 하늘의 독수리보다//
> 3 산들을 넘어 우리를 불같이 뒤따르며/
> 4 광야에서도 우리를 숨어 기다린다//

1, 2행과 3, 4행은 동의평행이 된다. 산을 넘어 추격하거나 광야에 매복하는 것은 힘든 일이지만, 하늘로 이동하는 독수리에게는 문제가 되지 않는다.

20(ㄱ) 1 우리 코의 호흡[59] 곧 아도나이가 기름 부으신 자가[60] /

2 그들의 구덩이에[61] 빠졌다//

3 우리가 말했었다/

4 나라들[62] 가운데서 그의 그늘에 살리라고//

1행과 2행은 반의평행이 된다. 1행에서 '루아흐 아페누 머시아흐 아도나이'(우리 코의 호흡 곧 아도나이의 기름 부으신 자)는 비슷한 음운을 이용한 언어유희이다. 여기서 백성이 숨통으로 여긴 기름 부으신 자를 특정한다면 시드기야 왕이 될 것이다. 시드기야는 바벨론 포위망을 뚫고 도망치다가 잡혀 죽었다. 인명피해 일곱 번째 사례이다.

### 〈단락 3〉 찌끈 다음에는 에돔이(21-22절)

21-22절을 교차평행 구조인 하나의 연으로 묶어서 읽을 수 있다. 그럴 경우 21절 1-2행과 22절 3-4행이 동의평행이 되고, 21절 3-4행과 22절 1-2행, 22절 1-2행과 3-4행이 반의평행이 된다. "형벌"이라는 단어와 "유배/드러남"이라는 단어로 언어유희를 하고 있다. 즉, 시온의 형벌은 끝나지만 에돔

---

59. 생명
60. 기름 부은 왕이
61. 함정에
62. 이방인들

의 형벌은 헤아려질 것이며, 시온은 더 이상 유배('갈라')당하지 않지만, 에돔의 죄악은 드러나게('갈라') 된다.

> 21(ש) 1 즐거워해라! 기뻐해라! 딸 에돔아,/
> 2 우쯔 땅에 사는 자야//
> 3 잔이 네게도 이를 것이니/
> 4 네가 취하여 벌거벗을 것이다//

'즐거워 해라'와 '기뻐해라'는 직접명령 형태의 동사를 사용한 풍자(sarcasm)이다. 에돔을 저주한 것은 유다를 침공한 바벨론의 앞잡이 역할을 했기 때문일 수도 있고(옵 11), 현자의 땅인 우스도 죄에 대한 아도나이의 심판을 막지 못한다는 의미일 수도 있다(옵 8). 의인이자 지혜자인 욥의 고향 우스 땅이 재앙으로 수치를 드러내게 되는 것이 아이러니이다.

> 22(ת) 1 네 형벌이 끝났다 딸 찌온아,/
> 2 그가 다시는 유배당하지 않게 하실 것이다//
> 3 네 형벌을 헤아리신다 딸 에돔아,/
> 4 그가 네 죄악을 드러내실 것이다[63]//

에돔의 멸망은 오바댜서에 잘 나와 있는데, 나바테안 민족의

---

63. 네 죄악 때문에 유배당하게 하실 것이다

침공으로 에돔 땅에서부터 네게브로 쫓겨나게 된다.

    4장의 교훈들을 정리하자면, 먼저 유다의 죄에 대한 고백을 들 수 있다. 저자는 유다의 대표적인 죄가 의인들의 피를 흘린 것이라고 말한다(13절). 의인들의 피를 흘린 죄는 종교지도자들-거짓 예언자들과 제사장들에 의해 자행되었다. 고대 근동과 지중해 일대에서 '의인들의 피를 흘린 죄'는 곧 국가 패망의 원인으로 지목되었다. 그만큼 정의의 실현을 가장 중요한 이슈로 삼았던 것이다. 예수 그리스도도 예루살렘의 함락을 예고할 때 동일한 예를 들었다. "그러므로 의인 아벨의 피로부터 성전과 제단 사이에서 너희가 죽인 바라갸의 아들 사가랴의 피까지 땅 위에서 흘린 의로운 피가 다 너희에게 돌아가리라"(마 23:35). 기원후 70년 예루살렘이 함락되었을 때, 많은 유대인들은 그것을 의인 야고보의 의로운 피를 흘리게 한 결과로 받아들였다. 그런데 가장 정의로워야 할 종교지도자들이 의인들의 피를 흘렸다는 사실이 심각하다. 종교가 통치 이데올로기였던 고대에서 종교지도자들의 말은 통치자들과 대중들을 움직이는 힘이 있었다. 그들이 누군가를 신성모독 죄로 몰고 가면 아무도 헤어 나올 수 없었다.

## 4장을 관통하는 문학적 기법

1장부터 사용되어 온 아이러니가 4장에서도 발견된다. 금이 빛을 잃고 순금이 변한 것처럼 성소의 돌들이 모든 거리 모퉁이에 버려진다(1절). 들짐승도 새끼들을 젖 먹이는데, 하나님의 백성은 타조가 새끼를 돌보지 않는 것처럼 젖먹이들을 돌보지 않는다(2, 3절). 귀족의 자녀로 자라난 자들이 노숙자가 되고 쓰레기 더미를 껴안고 있다(5절). 칼에 찔려 급히 생명을 잃은 자가 굶주림으로 천천히 죽어 가는 자보다 낫다(9절). 여인들이 굶주려 죽지 않으려고 자기 자녀를 삶아 음식으로 삼는다(10절). 세상의 누구도 상상할 수 없었던 이방 군대의 예루살렘 입성이 현실이 되었다(12절). 사제들과 예언자들의 죄악 때문에 의인들의 피가 흐르게 되었다(13절). 도움을 주지 못할 민족을 지치도록 바라고 기대했다(17절). 이 모든 아이러니는 정상적인 사회 질서가 뒤집어진 상황을 묘사하는 데 사용되었다.

4장에서 눈에 띄는 기법은 승화(catharsis)이다.[64] 승화는 1

---

64. 아리스토텔레스가 『시학』에서 정의한 승화는 '비극 관람을 통해 공포와 연민의 감정이 발산되어 정화되는 느낌'이다. 아테네에서는 비극 경연대회가 정기적으로 개최될 만큼 인기가 높았다. 대표적인 비극 작가는 아이스퀼로스, 소포클레스, 에우리피데스이다. 비극이 인기가 있었던 이유는 주인공의 비극을 통해 깨달음을 얻고 감정이 순화되기

장에서부터 사용되어 왔지만, 특히 4장에서 빈도가 높다. 저자는 비극적 상황을 적나라하게 까발려 독자들에게 내재된 공포의 감정을 승화시킨다. 당사자가 부분적으로 겪은 일들을 종합적으로 그려 내고, 비극적 상황을 개인적 체험으로부터 사회적 재난으로 일반화시킨다. 그럼으로써 불행 당사자가 치유의 다음 단계로 나아가게 하는 것이다. 4장에서 공포 분위기가 구체적이고 반복적으로 묘사되는 이유이다.

## 애가 5장

애가 5장은 히브리어 알파벳 순서를 따르지 않는다. 전형적 애가 형식인 키나 방식을 따라 운율을 만들지도 않는다. 다만 전체 절 수를 22절로 맞추어 히브리어 알파벳 숫자 분위기를 만들고 있다. 그러면서 2개의 행이 한 연을 이루는 평행 구조를 이어 나간다. 길이도 4장보다 1/3이 짧다. 전체적으로는 1-4장까지의 분위기가 단절된 느낌을 준다. 저자가 그렇게 5장을 만든 이유는 비극적인 상황이 끝나기를 바라는 염원을 담았기 때문일 수 있다. 어쩌면 5장의 저자는 따로 있

---

때문이다.

는지도 모른다. 4장까지에서 시인이 회중을 위로하고 그들과 함께 유다의 회복을 위해 기도했다면, 5장은 회중 스스로 하나님께 기도하는 형식으로 되어 있다고 할 수 있다. 22절 전체가 하나님께 올려 드리는 기도로 되어 있는 것이다. 그러니까 애가 5장은 고대 근동의 여러 나라들에서 볼 수 있는 신의 부재에 대한 탄원이 주제가 된다. 신의 부재에 대한 탄원이란 도시와 신전을 버리고 떠난 신이 돌아오기를 갈망하는 기도를 말한다. 고대 세계에서 신은 가부장적 권위를 가졌다. 신은 보호자, 공급자, 지배자, 재판관, 최상급 예물의 수령자였다. 한마디로 신은 '모두가 한 분을 위해, 한 분은 모두를 위한'(all for one, one for all) 시스템의 정점이었다. 신의 부재는 시스템이 멈춘 혼돈 상태로서, 어떤 좋은 일도 일어나기를 기대할 수 없음을 의미했다. 따라서 신은 다시 돌아와야 하며, 만약 신상이 적국에 탈취당했다면 어떤 희생을 치르든지 시간이 얼마나 걸리든지 반드시 되찾아 와야 했다.[65]

---

65. 고대 근동에서 신상은 곧 신을 의미했다. 신상을 정기적으로 씻겨주고, 옷을 갈아입히고, 음식을 차려 주는 이유였다. 이집트의 신들은 정기적으로 만나 에너지를 교환하기 위해 가마를 타고 외출하기도 했는데, 이집트의 룩소르 신전과 카르나크 신전이 마주 보고 있는 이유였다. 그런데 한번 만들어진 신상은 다른 것으로 대체될 수 없었고, 신상을 만든 장인들은 제작이 끝난 뒤 자신들이 신상을 만들지 않았다는 고백을 해야 했다. 이사야가 신상 제조업자끼리 나눈 대화를 인용하

이스라엘은 신상을 만들지 않았지만 신의 위상은 인근 국가들과 다르지 않았다. 고대 세계에서 신이 도시와 신전을 떠난 이유는 신의 백성에게 분노했기 때문이다. 신이 다시 돌아오도록 하려면, 신의 분노를 정당한 것으로 받아들이고 읍소하여 달래는 길밖에 없다. 애가 전체를 탄원 시의 관점으로 읽어야 하지만, 특히 5장은 하나님을 향한 기도 자체이며, 19-22절은 결론에 해당한다.

## 5장에서 사용된 이미지들

살펴봄(1절), 봄(1절), 낯선 이들(2절), 외국인들(2절), 상속물(2절), 아버지(3절), 고아(3절), 어머니(3절), 과부(3절), 은(4절), **빵/음식**(6, 9절), 목숨(9절), 광야(9절), 칼(9절), 피부(10절), 화로(10절), 뜨거워짐(10절), 굶주림(10절), 열기(10절), 처녀(11절), 고관(12절), 장로(12, 14절), 얼굴(12절), 맷돌(13절), 춤사위(15절), 면류관(16절), 눈(17절), 시온(18절), 폐허(18절), 여우(18절), 보좌(19절).

---

며 조롱하는 이유이다. 그들이 이런 대화를 나눈 후에, 이율배반적인 고백을 사제에게 한다는 것이다. "목공은 금장색을 격려하며 망치로 고르게 하는 자는 메질꾼을 격려하며 이르되 땜질이 잘 된다 하니 그가 못을 박아 우상을 흔들리지 아니하게 하는도다"(사 41:7).

**단락 해설**

맥락에 따라 임의로 〈단락 1〉 내 땅에서 없혀살다니(1-8절)와 〈단락 2〉 살아남기에 급급합니다(9-18절)와 〈단락 3〉 옛날처럼 새롭게 하십시오(19-22절)로 나누었다.

**〈단락 1〉 내 땅에서 없혀살다니(1-8절)**

이 단락에서는 하나님의 은혜로 주어졌던 것들, 즉 당연시되었던 것들에 대한 상실을 묘사하고 있다. 상속물, 집, 물, 땔감, 휴식은 더 이상 무상으로 주어지지 않는다.

> 1. 1 기억하십시오! 아도나이시여, 우리에게 무슨 일이 있었는지/
>    2 살펴보십시오! 보십시오! 우리의 수치를//

1행과 2행은 동의평행이다. 그러니까 1행에서의 "무슨 일"은 2행에서 "수치"를 가리킨다. 시인은 "기억하십시오!"('즈코르'), "살펴보십시오!"('하비타'), "보십시오!"('르에')라는 3개의 직접명령형 동사로 하나님께 기도를 시작한다. "기억하십시오!"는 3:19에서, "살펴보십시오!"는 1:11, 2:20, 3:63에서, "보십시오!"는 1장과 2장 마지막 부분의 기도에서(1:11, 20; 2:20) 각각 직접명령 형태의 동사로 나왔다. 하나님이 기억하는 것이나 보는 것이나 모두 구원 행위를 가리킨다. 시인은 '살펴보라'와 '보라'라는 직접명령 형태의 동사를 사람에게도 사용하곤 한다(1:12).

2. 1 우리의 상속물이 낯선 이들에게 넘어갔습니다/
   2 우리의 집들이 외국인들에게//

1행과 2행은 동의평행이 된다. 시인은 하나님이 개입해 주기를 바라는 첫 번째 고난으로 "상속물"과 "집"의 상실을 들고 있다. 상속물(땅)과 집은 하나님께로부터 받은 선물이다(신 6:11). 적들이 그것을 탈취한 것은 하나님에 대한 중대한 범과여서, 하나님이 개입하실 강력한 동기가 된다.

3. 1 우리는 아버지 없는 고아들이고/
   2 어머니들은 과부와 같습니다//

1행과 2행이 동의평행이다. 고아와 과부는 재산권이 없어 한계상황에 몰린 상태이다. 2절의 상속물과 집을 빼앗긴 상황에 이어지는 진술이다. 고아와 과부의 하나님이 개입하실 상황이 된다.

4. 1 우리가 은으로[66] 물을 마시며/

---

66. 돈으로

> 2 나무도 값을 치르고 들여옵니다//

1행과 2행이 동의평행이다. 마실 물과 땔감은 국적을 가진 사람의 걱정거리가 아니었다. 이를테면 예루살렘의 기혼 샘에서 솟아나 성내 실로암 못까지 공급되는 물은 공공재였다. 땔감도 자기 땅 어느 곳에서나 구할 수 있었다. 그러나 땅을 빼앗기고 설상가상 가장마저 없는 상황에서, 이것들을 돈 주고 사야 하는 처지가 된 것이다.

> 5. 1 우리의 목덜미가 따라잡혀서 지쳤습니다/
> 2 그래서 쉬지 못합니다//

1행과 2행이 동의평행이 된다. 점령군들에게 강제노역당하는 상황이다. 마치 짐승에게 멍에를 씌워 짐을 나르게 하듯, 생존자들을 쫓아와서('라다프') 목을 눌러 중노동에 시달리게 하고 있다는 의미이다.

> 6. 1 우리가 미쯔라임[67] 사람에게 손을 주었습니다/
> 2 빵으로 배 채우려고, 앗수르와//

1행과 2행은 동의평행이 된다. 빵으로 배 채우기 위해 애굽과 앗수르와 손잡았다는 것은, 굴종적인 외교관계를 맺었었

---

67. 애굽

다는 것을 말한다. 여기서 앗수르는 역사적 상황을 특정해 볼 때 바벨론을 가리키는 것으로 보인다. 기원전 606년과 597년 2차례의 바벨론 침공으로 유다는 겨우 명맥만 유지하고 있었다. 그럼에도 바벨론과의 주종 관계를 깨뜨리고 애굽과 손을 잡았다가 586년 패망하게 된 것이다.

7. 1 우리 조상들은 죄를 지어서 아무도 없고/
   2 우리는 저들의 형벌을 떠안았습니다//

1행과 2행이 반의평행이 된다. 마치 출애굽 이스라엘 2세대가 부모 세대의 죄 때문에 광야를 방랑했던 것을 연상시킨다(민 14:33). 죄를 지은 세대가 벌을 받아야 하는 원칙에서 벗어나 있다는 항변이다(렘 31:29, 30; 겔 18:2). 아마도 애가에서 유일하게 직접적으로 하나님께 항변하는 기도일 것이다.

8. 1 종들이 우리를 다스리지만/
   2 저들의 손에서 건질 자 아무도 없습니다//

1행과 2행은 반의평행이 된다. 자유민이 종들의 다스림을 받는 세상은 질서가 뒤집힌 사회이다(전 10:7). '종들'은 바벨론 왕의 용병들인 주변 민족의 군인들을 가리킬 것이다. 어쩌면 거기에 에돔도 포함될 수 있다. "건져 내다"('파라크')라는 동사는 멍에를 꺾어버리는 행위를 가리킨다. 이 구절은 예레미야와 거짓 예언자 하나냐 사이에 벌어진 바벨론 왕의 멍에 논쟁을 연상시킨다(렘 28:1-17).

⟨단락 2⟩ 살아남기에 급급합니다(9-18절)
이 단락에는 공동체 구성원 누구도 안전하지 않은 상황이 묘사된다. 마치 카메라가 생존자 한 사람 한 사람을 클로즈업하다가, 마지막에 여우가 출몰하는 폐허를 비추는 것으로 끝나는 것과 비슷하다.

> 9. 1 우리의 목숨과 바꾸는 음식을 가져옵니다/
>    2 광야의 칼 앞에서부터//

1행과 2행은 동의평행이다. 전쟁이 끝났음에도 양식을 구하려고 도시를 벗어날 경우 도적들에게 살해당할 위험이 있음을 말하고 있다. 예레미야는 이렇게 예언하고 있다. "너희는 밭에도 나가지 말라 길로도 다니지 말라 원수의 칼이 있고 사방에 두려움이 있음이라"(렘 6:25).

> 10. 1 우리의 피부가 화로처럼 뜨겁게 되었습니다[68]/

---

68. 부풀어 올랐습니다

2 굶주림의 열기 때문입니다//

1행과 2행은 원인과 결과 관계의 종합평행이다. 사람의 피부와 불타는 화로의 이미지가 비교되며, 화로의 뜨거움과 굶주림의 열기도 이미지 평행이 된다. 여기서는 영양실조 때문에 변해 버린 피부를 묘사한다.


11.　1 그들이 찌욘에서 여인들을 욕보였습니다/
　　　2 예후다의 도시들에서 처녀들을//

1행과 2행은 동의평행이다. 남편이나 아버지가 전사 혹은 포로가 되어 돌아오지 못하는 가정들에서 처녀와 유부녀 가릴 것 없이 성폭행당했음을 묘사하고 있다.


12.　1 고관들이 그들의 손에 의해 매어 달리고[69]/
　　　2 장로들의 얼굴이 예우받지 못했습니다//

1행과 2행은 동의평행이다. 고대 근동에서 흔히 사용되던 처형법을 배경으로 하고 있다. 적국의 지도층 인사들(고관들과 장로들)을 죽인 다음, 그들의 손을 묶어 나무에 매다는 것이다 (신 21:22; 수 10:26). 그렇게 함으로써 일반 백성들이 두려워 감히 저항할 엄두를 내지 못하게 한다. 2행이 정확히 어떤 상황

---

69. 처형당하고

을 묘사하는지 알 수 없으나, 1행과의 평행관계를 생각할 때 시신이 오욕을 당했을 가능성도 배제할 수는 없다. 지도자들이 없어 혼란했던 사사 시대의 무질서를 연상하게 한다(삿 21:25).

13. 1 청년들이 맷돌을 짊어지고/
    2 소년들이 나무를 지고 비틀거립니다//

1행과 2행이 동의평행이다. 생존한 청년들과 소년들이 점령군들의 식사 준비에 동원된 상황을 보여 준다. 여기서 맷돌로 번역된 '트혼'은 주부들이 사용하는 작은 손 맷돌인 '레하임'보다 큰 것으로 보인다. 그것을 청년들이 진다고 했기 때문이다. 굶주린 상태에서 적들의 식사를 위해 짐 지다가 쓰러지는 것은 지독한 아이러니이다.

14. 1 성문에서 장로들이 그쳤습니다/
    2 청년들에게서 노래가//

1행과 2행이 동의평행이다. 장로들이 성문에 앉는 일상과, 청년들이 노래 부르는 일상이 멈춘 상황을 묘사한다. 일상이 멈춘 것은 기존 질서가 전복된 것을 의미한다.

15. 1 우리 심장에서 환희가 그쳤고/

　　 2 춤사위가 애곡으로 바뀌었습니다//

1행과 2행이 동의평행이다. 14절에서 사용한 "그치다"('샤밧')라는 동사를 반복한다. "환희"와 "춤사위"는 명절에 대한 묘사이다. 명절에 기쁨과 춤이 사라진 것 역시 기존 질서가 뒤집힌 세상이 된 것을 의미한다.


16. 1 우리 머리에서 면류관이 떨어졌으니/

　　 2 형벌을 받아서 우리가 비참해졌습니다//

1행과 2행은, 한 행이 비유이고 다른 한 행이 서술인 상징평행이다. '머리의 면류관'은 다윗 왕조를 가리킨다(렘 13:18). 애가에서 유일하게 다윗 왕가와 맺은 하나님의 언약이 지켜지지 않음을 슬퍼하는 대목이다(삼하 7:11, 13). 감탄사가 사용된 것은 애가에서 이 구절뿐인데, '오이'와 '나'가 함께 사용되어 극도의 슬픔을 강조하고 있다. 뒤 문장에서 다윗 왕가의 종말이 백성의 범죄 때문이라는 성찰과 회개가 돋보인다.


17. 1 이것 때문에 심장이 쇠약하며/

　　 2 이것들 때문에 눈이 어둡습니다//

1행과 2행이 동의평행이다. 1행의 "이것"('제')은 16절에서 언급한 다윗 왕가의 쇠망을 가리키며, 2행의 "이것들"('엘레)은 8-15절에서 언급한 모든 비참한 상황을 가리킬 것이다. 단지 환경과 육체만 힘든 상황이 아니라, 미래에 대한 희망을 잃어버린 좌절감과 비애를 묘사하고 있다.

18. 1 찌온 산 폐허 위에/
    2 여우들이 노닙니다//

1행과 2행은 "폐허"와 "여우"의 이미지로 동의평행이 된다. 하찮은 짐승의 상징인 여우가(눅 13:32) 예루살렘 도성 안을 유유히 활보하는 아이러니를 묘사하고 있다(렘 9:11). 이제 아무도 하찮은 짐승마저 쫓아 줄 힘이 없는 것이다(느 4:3). 시온은 원래 예루살렘을 구성하고 있는 4개의 언덕 중 서남쪽의 것을 가리켰으나 점차 성전이 있는 예루살렘 도시 전체를 가리키는 용어가 되었다. 무질서가 일상이 된 뒤집어진 세상을 묘사하고 있다.

〈단락 3〉 옛날처럼 새롭게 하십시오(19-22절)
이 단락은 5장의 결론이자 애가 전체의 결론에 해당한다.

19. 1 아도나이시여 **당신**은 영원히 좌정하시고/

**2 당신**의 보좌는 대대로 있을 것인데//

1행과 2행은 "당신께서 영원히 좌정하심"('레올람 테쉐브')과 "당신의 보좌가 대대로"('키스아카 레도르 봬도르')의 평행구를 통해 동의평행이 된다. 하나님이 보좌에 영원히 앉아있으시다는 말은 시온 성이 무너졌어도 아도나이의 보좌는 견고하다는 것이다.

20. 1 왜 우리를 영속적으로 잊으시며/

   2 오랜 세월 우리를 저버리십니까?//

1행과 2행은 "영속적으로"('라네짜흐'), "오랜 세월"('레오레크 야밈')과 "우리를 잊다"('티슈카흐누'), "우리를 저버리다"('타아즈베누')라는 평행구로 동의평행이 된다. 시인은 하나님이 질서를 뒤집어엎는 것은 임시적이며, 결국 오래전부터 있어 왔던 통치방식인 표준적 질서가 회복될 것을 소망한다.

21. 1 우리를 **당신**께로 돌아가게 해 주십시오! 아도나이시여,/

   2 그러면 우리가 돌아갈 것입니다/

   3 새롭게 하십시오! 우리의 날들을 옛날처럼//

1행의 "우리를 돌아가게 해 주십시오"('하쉬베누')와 3행의 "우리의 날들을 새롭게 하십시오"('하쉐베누 야메누')가 음운평행으로, 2행의 "돌아갈 것입니다"('나슈바')와 3행의 "옛날처럼"('케케뎀')이 의미상 동의평행이 된다. 3행의 '새롭게 하다'와 '옛날처럼'이라는 말은 역설이다. 옛날은 낡고 사라진 것이고 새로운 것은 현재와 미래의 것이기 때문이다. 그러나 규범적 지혜의 관점에서는 옛 질서가 가장 표준적이고 새로운 것이다. 21절은 말라기에서 유다 백성들이 아도나이께 던지는 질문을 떠올리게 한다. "그런즉 내게로 돌아오라 그리하면 나도 너희에게로 돌아가리라 하였더니 너희가 이르기를 우리가 어떻게 하여야 돌아가리이까 하는도다"(말 3:7). 아도나이는 먼저 당신의 백성이 당신께로 돌아오면 그들에게로 돌아가겠다고 약속한다. 그런데 말라기 예언자가 활동하기 전 시인은 이렇게 말한다. "우리를 당신께로 돌이키십시오. 그러면 우리가 당신께로 돌아가겠습니다." 결국 아도나이는 예언자 엘리야를 다시 보내어 이 문제를 해결하겠다고 약속하게 된다. "그가 아버지의 마음을 자녀에게로 돌이키게 하고 자녀들의 마음을 그들의 아버지에게로 돌이키게 하리라"(말 4:6).

> 22. 1 **당신**께서 전적으로 우리를 버리지 않으셨고/
> 2 힘닿는 대로 분노하지 않으셨다면//

1행과 2행은 1행의 "버리다"('마오스')와 2행의 "분노하다"('카짜프타')라는 동사로 동의평행이 된다. 22절은 21절을 위한 조건문으로 순서가 바뀌어 있다. 우리말 어순을 따른다면 22절을 먼저 해석한 다음 21절을 해석해야 할 것이다.

제3부

# 제5장
# 애가는 누가 썼나

애가에는 저자의 이름이 나오지 않는다. 예레미야애가라는 제목은 후대에 붙여진 것이다. 애가에는 예레미야서처럼 저자의 신분이나, 저자가 보고 들었던 부르심이 나오지 않는다. 애가의 저자가 단순히 성인 남자로 나와 있고(3:1), 5장의 문체도 1-4장으로 이어지던 답관체가 아니어서 두 명 이상의 저자가 있었을 가능성도 배제할 수 없다. 저자를 특정하기 어렵다는 것은 최초 저술 연대와 현존 형태로 최종 완성된 시기를 특정하기 어렵다는 이야기도 된다. 그것은 전승에 따라 애가의 역사적 배경을 바벨론 침공으로 고정시키킬 때, 오히려 애가 읽기의 시야를 제한할 수 있다는 의미이다. 애가는 개인적으로 예레미야가 가족과 종교지도자들에게서 받았던 고난과 맞물려 있고, 역사적으로 여러 차례의 유대

사회의 격변 시기와도 어울린다. 물론 애가에는 바벨론 침공으로 성전이 유린당한 내용이 나온다. 하지만 그 상황과 무관해 보이는 내용들도 나온다. 한마디로 애가는 역사적 상황을 전제하지 않고도 시대를 초월하여 공감을 불러일으킨다. 애가의 배경은 바벨론 침공 상황과 서로 다른 시대 상황들의 합집합이라는 인상을 준다. 그럼에도 불구하고 애가는 예언자 예레미야와 무관하지 않다. 무엇보다 예레미야서에 나오는 일곱 애가와 닮아 있기 때문이다. 필자가 애가와 예레미야의 일곱 애가를 비교하는 이유이다. 어쩌면 예레미야가 애가를 직접 썼을 수도 있고, 일곱 애가를 잘 아는 누군가가 썼을 수도 있다.

## 예레미야

예레미야를 말할 때 따라붙는 수식어는 '눈물의 예언자'이다. 다음 구절이 대표적인 예이다.

> "아, 내 머리가 물이고
> 내 눈이 눈물샘이라면

내가 밤낮으로 울 텐데

칼에 찔린 딸 내 백성을 위해"(렘 9:1).

예레미야애가에는 '나'라는 시인이 참상의 현장에서 눈물 흘리는 구절들이 자주 나온다. 만약 그 시인을 예레미야로 볼 수 있다면, 그는 눈물의 예언자로 불릴 만하다. 예레미야서에도 눈물과 관계된 구절들이 자주 등장한다. 예컨대 백성들은 전문 소리꾼을 불러 울어야 하고(렘 9:18), 예레미야는 백성에게 닥칠 재앙을 생각하며 운다(렘 13:17). 심지어 아도나이 하나님도 자기 백성의 파멸 때문에 온종일 눈물 흘린다.[1] 이런 구절들을 볼 때 예레미야의 기본 감정은 슬픔이라고 할 수 있다.

그런데 예레미야서는 그의 감정 상태와 기질의 또 다른 면인 분노를 보여 준다. 겉으로 볼 때 그는 조용하며 혼자 있기를 좋아한다. 그러나 다음 구절이 보여 주는 것처럼 그의 내면은 분노로 가득 차 있다.

---

1. "너는 이 말로 그들에게 이르라 내 눈이 밤낮으로 그치지 아니하고 눈물을 흘리리니 이는 처녀 딸 내 백성이 큰 파멸, 중한 상처로 말미암아 망함이라"(렘 14:17).

> 제가 즐거워하는 사람들의 모임에 앉지도
> 제가 크게 기뻐하지도 않았습니다
> **당신**의 손 때문에 혼자 앉아 있습니다
> **당신**께서 저를 분노로 가득 채우셨기 때문입니다(렘 15:17).

예레미야의 분노는 하나님을 포함해서 주변의 모두에게 향한다. 먼저 자신을 모함하고 해치려는 무리들을 저주한다(렘 18:21). 그리고 자신을 법정에 고소하는 사람들을 하나님 앞에 고소한다(렘 11:20). 그는 하나님이 자신을 속였다며 불평한다. 이를테면 하나님은 속이는 시내 같으시며(렘 15:18), 아무것도 모르는 자신을 설득해서 사람들의 비난과 조롱을 받는 바보가 되게 했다고 불평한다(렘 20:7). 세상 물정 모르던 소년 시절에 예언자로 부름받아 마음고생이 심했던 탓일지도 모른다. 그는 모든 사람들이 자신을 고리대금업자처럼 미워한다고 불평한다(렘 15:10). 마침내 그는 생일을 저주한다. 태어나지 않고 어머니 배 속에서 죽어 버렸더라면 더 나았을 것이라며 한탄한다(렘 20:14-17). 나아가 자신의 출생을 아버지에게 알린 사람까지 저주한다(렘 20:15). 예레미야의 이런 분노는 대부분 후천적으로 경험한 사건들에 기인한다. 그 사건들이 일곱 애가에 고스란히 녹아들어 있다.

## 성문서 애가와 예언서 예레미야

한글 성경에서 애가는 예레미야애가라는 이름으로 예레미야서 다음에 나온다. 예레미야가 애가의 저자이며, 애가를 예언서로 읽어야 한다는 전제가 깔린 듯하다. 그러나 예레미야가 애가의 단독 저자인지는 확실하지 않으며, 히브리어 성경에서 애가는 성문서로 분류되어 있다. 성경 목록 순서로 볼 때 전체 '타나크'에서 열아홉 번째에 위치하고 있어, 열한 번째에 들어있는 예레미야서와 한참 떨어져 있다. 애가가 예레미야서 다음에 오게 된 것은 히브리어 본문을 헬라어로 번역한 70인역(LXX)부터이다. 기원전 3세기 프톨레마이오스 왕국의 수도 알렉산드리아에 살고 있던 유다인들은, 국왕의 권유로 토라, 즉 모세 오경을 헬라어로 옮겼다. 이후 유다인의 성경 전체를 모두 번역하면서, 애가는 70인역에 의존한 기독교 성경으로서 오늘날과 같은 위치를 갖게 되었다. 한글 성경에서 '예레미야애가'로 되어 있는 제목이 라틴어 계열의 번역본들에서는 그저 '애가'로 되어 있을 뿐이다. 그리고 24권으로 된 유다인의 성경 '타나크'에서[2] 애가는 성문서로 분

---

2. 토라(모세 오경)의 첫 글자인 '타브'와, 느비임(예언서)의 첫 글자인 '눈'과, 크투빔(성문서)의 첫 글자인 '카프'를 묶어 '타나크'라고 부른

류된다.[3] 성문서 중에서도 '하메쉬 메길로트'(다섯 두루마리)에 속한다. 그 다섯 두루마리는 모두 특별한 절기에 낭독되는데, 아가는 유월절에, 룻기는 오순절에, 애가는 성전 패망일에, 전도서는 초막절에, 에스더서는 부림절에 회당에서 읽는다. 그러니까 유다인이 애가를 읽는다는 것은 성전 패망의 역사를 되새긴다는 의미이다. 공교롭게도 예루살렘 성전은 2번이나 같은 날짜인 티샤 베아브(5월 9일)에 파괴되었다. 처음에는 기원전 586년 바벨론 군대에 의해, 두 번째는 기원후 70년 로마 군대에 의해 무너졌다.

예레미야애가만 읽고, 거기서 '나'라고 표현한 저자의 신분을 알아내기란 쉽지 않다. 예레미야는 예루살렘 함락 이후 바벨론으로 끌려가던 도중에 풀려났다. 만약 그가 예레미야애가를 썼다면, 유다로 돌아온 이후 애굽으로 내려가기 전이었을 것이다. 그에게는 국가적 트라우마를 겪은 생존자들을

---

다. 이렇게 부름으로써 '타나크'에 들어있는 책들에 유다민족의 다른 문헌들과 구별되고 비중 있는 지위를 부여하는 것이다.
3. 성문서로 부르는 '크투빔'은 '써진 것들'이라는 뜻이다. 이상하게 들릴지 모르지만, 유다인들에게 토라가 종교문서에서 1등급이라면 예언서는 2등급이고 성문서는 3등급이다. 영감과 권위에서 그렇다는 뜻인데, 토라는 1인자 모세를 통해 선포된 아도나이의 표준적 교훈이고, 예언서는 시대마다 여러 예언자들에게 임한 아도나이의 신탁이고, 성문서는 기타 사람들의 신앙고백 정도의 가치를 부여받기 때문이다.

위로할 시간조차 충분히 주어지지 않았다. 강요된 분위기 속에서 애굽으로 내려가야 했기 때문이다. 애가가 예레미야서와 크게 다른 점은 패망의 원인으로 바알이나 다른 신 숭배에 대한 지적이 없다는 점이다(렘 2:23; 7:18; 44:19). 다른 나라와 손 잡은 것, 예언자들이 헛된 환상을 본 것, 사제들과 예언자들이 의인을 살해한 것 등을 지적하는 것과 사뭇 대조적이다. 그런데 애가의 저자에 관해서 어쩌면 예레미야서에 나오는 또 다른 일곱 애가에서 힌트를 얻을 수 있을지도 모른다. 70인역을 번역한 유다인 학자들도 두 책에 수록된 애가들의 관련성을 통해 예레미야를 애가의 저자로 받아들였을 개연성이 있다. 특히 애가 3장에는 저자가 원수들에게서 받은 박해가 묘사되어 있고, 아도나이 하나님이 자신을 위해 복수해 주시도록 탄원하는 내용이 들어 있다(애 3:52-66). 그리고 많은 부분이 예레미야서의 일곱 애가와 닮아 있다. 또 하나의 방법은 애가의 제목이 된 '에이카' 단어의 빈도를 살펴보는 것이다. 성경에는 '에이카'가 의문사로 사용된 횟수가 18번이나 된다. 예레미야서에 7번(렘 8:8; 48:17, 39×2; 49:25; 51:41×2), 예레미야애가에 4번(애 1:1; 2:1; 4:1, 2), 기타 성경에 7번(신 32:30; 삿 20:3; 왕하 6:15; 아 5:3×2; 사 1:21; 48:11) 나온다. 그러니까 예레미야서와 예레미야애가에 압도적으로 많이 사용되었다. 두 책의 저자가 동일 인물이든 한 저자가 다른 저자의 저작물을 차용한 경우이든, '에이카'라는 의문사를 선호할 만한 상황적 맥락을 공유하고 있다고 말할 수 있다.

일곱 애가는 마지막 노래를 제외하고, 모두 예레미야와 박해자와 재판장이신 아도나이 하나님의 삼각 구도를 중심으로 전개된다. 일곱 애가를 살펴보는 이유는 예레미야애가와 많은 부분이 닮아 있기 때문이다. 특히 원수들의 박해와 조롱, 예레미야의 분노, 아도나이에게 소송건을 탄원함, 아도나이의 심판 선고, 가뭄과 기근, 칼에 의한 살육, 예레미야에 대한 구원 약속, 예레미야의 신세 한탄 등의 주제가 닮아 있다. 두 종류의 애가를 비교해도 예레미야애가와 일곱 애가의 저자가 동일 인물인지, 예레미야애가의 저자가 일곱 애가를 차용한 것인지 알아내기는 어렵다. 그럼에도 불구하고 일곱 애가는 예레미야애가를 해석하는 데 큰 도움을 준다. 일곱 애가 전후 내러티브 맥락에서 역사적 배경을 읽을 수 있기 때문이다. 예레미야애가를 일곱 애가의 관점에서, 일곱 애가를 예레미야애가를 떠올리며 읽는 것이 좋다.

양쪽 애가에서 공통적으로 사용된 다른 단어들의 비교를 통해 상호 관련성을 찾아보는 것도 저자를 추정하는 데 도움이 된다. 이를테면 '원수(들)'은 양쪽 애가에서 모두 분노의 대상을 상징하는 단어이다. 예레미야애가에서 15번(애 1:2, 5, 9, 16, 21; 2:3, 4, 5, 7, 16, 17, 22; 3:46, 52; 4:12),[4] 일곱 애가에서 2번(렘 15:11, 14) 나온다. 이 중에서 2번(애 2:4, 5)만 아도나이 하나님에 대한 비유로 사용되고, 2번(애 3:52; 렘 15:11)은 예레미야의 박해자들에게, 나머지는 모두 유다의 노략꾼들에게 사용되었다. 여기서 예레미야의 박해자들을 원수로 지칭한 것은 명백히 예루살렘 패망 이전 상황을 보여 준다. 예레미야는 예루살렘이 함락될 때 바벨론 군대에 의해 보호받았기 때문이다(렘 39:11-14). 흥미로운 것은 '원수'라는 단어가 사용된 애가 본문이 패망 이전에 예레미야가 겪은 박해상황을 묘사하고 있다는 점이다(애 3:52-66). 왜 예레미야애가에 패망 이전의 역사적 상황이 들어와 있을까? 동일한 저자가 이전 작품을 복제한 것이든, 한 명의 저자가 다른 한 명의 작품을 차용한 것이든 같은 결론에 도달하게 된다. 예레미야애가의 저자가 패망 이전에 예레미야를 박해한 자들의 이미지를 유다의 원수들에게 투사하고 있다는 것이다.

양쪽 애가를 비교할 수 있게 해 주는 또 다른 단어의 예

---

4. 1장에 5번, 2장에 7번이나 나오는 것은 유다를 패망시킨 적들에 대한 분노가 애 1-2장에서 폭발하고 있음을 보여 준다. 3장에서 2번, 4장에 1번, 5장에서는 전혀 사용되지 않은 것은 분노가 점차 사그라들고 있음을 보여 준다.

는 '도살'과 '정한 때'이다. 이들은 모두 슬픔의 감정을 상징하는 단어들이다. 마치 양들을 정한 때(명절)에 도살하듯, 아도나이 하나님이 예레미야의 원수들 혹은 유다의 죄인들을 죽이셨다는 것이다. '도살'은 예레미야애가에서 1번(애 2:21), 일곱 애가에서 2번(렘 11:19; 12:3) 나온다. '정한 때'는 애가에만 5번(애 1:4, 15; 2:6, 7, 22) 나온다. 예레미야애가에서 도살과 정한 때가 앞뒤 절로 이어 나오는 것은 매우 흥미롭다(애 2:21, 22). 남녀노소 가리지 않고 진노의 날에 도살당했는데, 정한 때(명절)의 날과 같았다는 것이다. '도살'과 관련해서 눈길을 끄는 구절들은 일곱 애가에 나온다. 예레미야는 먼저 자신이 도살을 위해 끌려가는 어린양과 같았다고 말한다(렘 11:19). 이어지는 다음 노래에서는 자신의 박해자들이 도살을 위해 끌려 나가게 해 달라고 아도나이께 호소한다(렘 12:3). 독자들이 예레미야서를 읽고 나서 예레미야애가를 읽으면, 예레미야의 박해자들이 예루살렘 패망 때 도살당했다는 인상을 받게 된다. '도살'이 양쪽 애가에서 잘 쓰지 않는 단어이기 때문에 그 인상은 더욱 강렬할 수밖에 없다.

'사방으로부터의 두려움'(렘 20:10; 애 2:22)도 공통적인 표현이다. 이것은 예레미야가 겪은 공포의 감정을 반영한다. '사방으로부터의 두려움'은 예레미야가 전쟁의 위험을 함축적으로 묘사하는 어구이다. 그런데 그를 반대하는 무리들은 이 표현을 예레미야를 조롱하는 말에 빗대어 사용했고, 예레미야는 박해자의 우두머리 격인 바스훌의 이름을 '사방으로부터의 두려움'이라고 바꾸어 불렀던 것이다.

'어머니가 내 무덤'(렘 20:17), '죽은 지 오래된 자'(애 3:6)라는 표현도 무력감이라는 모티프로 연결된다. 예레미야서에서는 사산아보다 무력한 자신을 한탄하고, 애가에서는 무력감에서 벗어나기를 바라고 있는 것이 다를 뿐이다. 어머니가 내 무덤이라는 말은 배 속에서 이미 죽어 있는 사산아를 가리키는데, 죽은 지 오래된 자는 스올에 들어가서 잊혀진 자를 가리킨다.

'그들이 쓰러지게 하십시오'(렘 18:21), '제 눈에서 흘러나옵니다'(애 3:49)의 두 구절에서 사용된 동사 '나가르'는 구약성경에서 10번밖에 사용되지 않았는데, 일곱 애가와 예레미야애가에 모두 1번씩 사용되었다.

일곱 애가에서 가장 인상적인 대목은 두 번째 애가 첫째 연이다. 예레미야는 사악한 자들과 아도나이를 싸잡아 불평한다.

> **당신**은 의로우십니다. 아도나이시여,[5]
> 제가 **당신**께 불평을 늘어놓을지라도
> 하지만 **당신**과 변론하겠습니다.
> 사악한 자의 길이 왜 형통합니까?
> 작정하고 속이는 자들이 모두 평온합니까?

이 연이 인상적인 이유는 일곱 애가의 특징을 잘 드러내고 있기 때문이다. 일곱 애가는 마지막 노래를 제외하고, 모두 재판장이신 아도나이와 예레미야와 박해자의 삼각 구도를 중심으로 엮어진다. 사악한 자들은 예레미야의 예언 활동을 못마땅하게 생각하고 박해하는 자들이다. 그들에 대해 아도나이의 징계가 실행되지 않기 때문에 예레미야는 아도나이에 대해 심기가 불편하다. 마찬가지로 예레미야애가에서 시인은 자기를 까닭 없이 압제하고 죽이려 드는 자들에 대해 하나님의 정의로운 심판이 내려지도록 탄원한다(애 3:52-66).

---

5. 애 1:18 1행은 일곱 애가의 두 번째 연 1행과 매우 닮아 있다. 예레미야애가의 저자가 아도나이를 의롭다고 말하는 것은 저항할 수 없는 주권을 행사하는 분이라는 투정일 수도 있다.

# 제6장
# 일곱 애가 본문 및 해설


## 일곱 애가 본문

**애가 1**(렘 11:18-23)

18  아도나이께서 그것을 제게 알게 하셔서 제가 알았습니다//

그때에 그들의 행위를 제게 보이셨습니다//

19  하지만 저는 도살을 위해 끌려가는 유순한 어린양과 같았습니다//

그래서 그들이 제게 맞서 정녕 음모를 꾸미는 줄 몰랐습니다

"우리가 그 나무를 그것의 열매와 더불어 파괴해 버리자[1]

---

1.  나무와 열매를 파괴하자는 것은 예레미야를 죽임과 함께 그의 예언을 파기하자는 의미이다. 성경에서 볼 수 있는 것처럼 종종 셈족들은 사람을 식물에 비유한다.

우리가 그를 살아 있는 자의 땅에서 끊어 버리자

그러면 그의 이름이 더 이상 기억되지 못할 것이다"[2]//

20   만군의 아도나이,

의롭게 재판하시는 분,

콩팥과[3] 심장을[4] 시험하시는 분이시여//

그들에 대한 **당신**의 복수를 제가 볼 것입니다

제가 제 재판을 **당신**께 맡겼기 때문입니다//

21   그러므로 아도나이께서 아나톳 사람들에 대해 이같이 이르셨다

네 목숨을 찾는 자들이 이르는구나//

"너는 아도나이의 이름으로 예언하면 안 된다

네가 우리 손에 죽지 않도록"//

22   그러므로 만군의 아도나이께서 이같이 이르신다

보라! **내**가 그들 위에 찾아간다[5]//

청년들은 칼에 죽을 것이고

그들의 아들들과 그들의 딸들은 굶주려 죽을 것이다//

23   그들에게 남은 자가 없을 것이다//

---

2.   이름이 잊혀지는 것은 사후에 완전한 무존재가 되는 것을 의미하며, 살아 있는 사람에게 그같이 말하는 것은 최악의 저주이다.
3.   양심과
4.   마음을
5.   아도나이가 방문하는 경우는 구원과 심판 둘 중의 하나이다.

왜냐하면 **내**가 아나톳 사람들에게 재앙을 내릴 것이기 때문이다

그들을 찾아가는 해에//


**애가 2**(렘 12:1-6)

1   **당신**은 의로우십니다. 아도나이시여,[6]

　　제가 **당신**께 불평을 늘어놓을지라도//

　　하지만 **당신**과 변론하겠습니다

　　사악한 자의 길이 왜 형통합니까?

　　작정하고 속이는 자들이 왜 모두 평온합니까?//

2   **당신**께서 그들을 심으셔서 그들이 뿌리내렸습니다

　　그들이 자라서 열매까지 맺습니다//

　　**당신**은 그들의 입에 있지만

　　그들의 콩팥으로부터는[7] 멀리 떨어져 있습니다//

3   **당신**은, 아도나이시여, **당신**은 저를 아십니다

　　**당신**은 저를 보십니다

　　제 마음이 **당신**과 함께 있는지 시험하십니다//

---

6.　애 1:18
7.　양심

그들을 끌어내십시오! 도살하기 위해 양염소 떼에[8] 하듯

그들을 구별하십시오! 쳐 죽일 날을 위해//

4 언제까지 이 땅이 슬퍼하며

모든 들의[9] 채소가 시들겠습니까?[10]//

그 안에서 거주하는 그들의 사악함 때문에

가축들과 새가 멸절당했습니다[11]

왜냐하면 그들이 일렀기 때문입니다

"그가 우리의 결국을 보지 못할 것이다"//

5 만약 네가 발로 경주해서 그들이 너를 지치게 한다면

말들과는 어떻게 경주하겠느냐?//

평안한[12] 땅에서 네가 넘어지는데[13]

---

8. 히브리어 '쫀'은 양과 염소를 함께 아우르는 용어이다.
9. 밭의
10. 마르겠습니까?
11. 사람의 죄로 창조 질서가 파괴되어 동물들이 죽임당했던 노아 홍수를 떠올리게 한다.
12. 안전한
13. 대부분의 영어역본은 동사 원형 '바타흐'를 "신뢰하다"로 해석했다. Mark S. Smith는 어근의 아랍어 어원을 따라 "넘어지다"로 해석했다 (*The Laments of Jeremiah and Their Contexts*, Scholars Press, 1990, p 10). 분리 악센트로 나뉘어진 앞뒤 문장의 평행 구조를 통해 읽을 때도 넘어지다는 의미가 더 자연스러워 보인다.

야르덴의[14] 덤불 속에서는 어떻게 행하겠느냐?[15]//

6 왜냐하면 네 형제 혹은 네 아버지의 집이라도

그들도 너를 속이며

그들도 네 뒤에서 크게 외친다//

그들을 믿지 말기 바란다

그들이 비록 네게 좋은 것들을 말할지라도//

**애가 3**(렘 15:10-21)

10 제가 비참합니다![16] 내 어머니,

당신께서 저를 낳으셨습니다

온 세상을 향해 소송하는 남자로, 논쟁하는 남자로//

제가 빌려주지 않았고 그들에게 제가 빌리지 않았지만

모두가 저를 멸시합니다//

11 아도나이께서 이르신다

"선함을 위해 **내가** 너를 풀어 주지 않겠느냐?//

**내가** 너를 위해 변호하지 않겠느냐?

재앙의 때에

---

14. 요단강의
15. 요단강과 인접한 광야('조르')에는 덤불식물과 곤충류, 설치류들이 살았다.
16. 제게 재앙입니다

환난의 때에 원수와 더불어//

12 누가 철을 꺾겠느냐?

북쪽의 철과 청동을//

13 네 재산과 네 보물을 전리품으로 **내가** 값없이 넘겨줄 것이다//

네 모든 죄 때문에, 네 모든 경내에서//

14 **내가** 너를 건너가게[17] 할 것이다

네 원수들과 더불어 네가 알지 못하는 땅으로//

**내** 코에 붙은[18] 불로써

너희를 태워 버릴 것이기 때문이다//

15 **당신**은 아십니다. 아도나이시여,

저를 기억하십시오! 그리고 저를 찾아오십시오!

저를 뒤쫓는 자들에게 저를 위해 보복하십시오!

**당신**의 오래 참으심으로 저를 데려가시면 안 됩니다//

아십시오! 당신 때문에 제가 조롱당하는 것을//

16 **당신**의 말씀들을 얻었고 제가 그것들을 먹었습니다

**당신**의 말씀이 제게 있었습니다

제 마음의 즐거움과 기쁨으로//

제가 **당신**의 이름으로 일컬어졌기 때문입니다

---

17. 도착하게
18. 내 진노의

아도나이 만군의 엘로힘이시여[19]//

17  제가 즐거워하는 사람들의 모임에 앉지도

제가 크게 기뻐하지도 않았습니다//

**당신**의 손 때문에 혼자 앉아 있습니다

**당신**께서 저를 분노로 가득 채우셨기 때문입니다//

18  왜 제 고통이 계속되며

제 타박상이 낫지 않습니까?//

치유가 거부되고 있으니

**당신**은 제게 속이는 시내와[20] 같습니다

물이 오래가지 않는//

19  그러므로 아도나이께서 이렇게 이르신다

"네가 만약 돌아오면, **내**가 너를 치유할 것이며

네가 **내** 앞에 설 것이다

만약 네가 귀중한 것을 비천한 것에서 끄집어내면

너는 **내** 입이 될 것이다//

그들, 그들은 네게로 돌아올 것이다

하지만 너, 너는 그들에게 돌아가면 안 된다//

20  **내**가 너로 이 백성을 위해 만들 것이다

---

19. 하나님이시여
20. 비가 올 때만 흐르는 건천('와디')을 가리킨다(욥 6:15-20).

견고한 청동[21] 성벽으로/

　　　그들이 너와 맞서 싸울지라도

　　　그들이 너를 이기지 못할 것이다//

　　　**내**가 너와 함께하기 때문이다

　　　**내**가 너를 구원하며 건져 내기 위함이다

　　　아도나이의 신탁이다//

21　**내**가 너를 악한 자들의 손에서 건져 내며//

　　　**내**가 강포한 자들의 손바닥에서 대속할 것이다//


**애가 4**(렘 17:14-18)

14　저를 고쳐 주십시오! 아도나이시여, 그러면 제가 낫겠습니다

　　　저를 구원하십시오! 그러면 제가 구원받겠습니다//

　　　**당신**은 저의 찬송이시기 때문입니다//

15　보십시오. 그들이 제게 말합니다//

　　　"아도나이의 말씀이 어디에 있느냐?

　　　제발, 오게[22] 해 봐라"//

16　하지만 저는 **당신**을 따라 양치기 일에서 떠나지 않았으며

---

21. 놋(황동)은 기원후 1세기 아우구스투스 대제 때에 와서 만들어지므로 히브리어 '느호셰트'는 청동으로 해석하는 것이 옳다.
22. 이루어지게

재앙의 날을 바라지도 않았습니다

**당신**은 아십니다//

제 입술에서 나오는 것

그것이 **당신** 앞에 있습니다//

17 제게 두려움이 되지 마시기 바랍니다//

재앙의 날에 **당신**은 저의 피난처이십니다//

18 저를 뒤쫓는 자들이 수치를 당하지만

저는 수치당하지 않기를!

그들이 겁을 집어먹지만

저는 겁먹지 않기를!//

그들에게 재앙의 날을 가져오시되

두 배의 깨뜨림으로 그들을 깨뜨리십시오!//


**애가 5**(렘 18:18-23)

18 그들이 말했습니다. "와라! 우리가 이르머야후에[23] 맞서 묘안을 짜내자. 왜냐하면 토라가 사제로부터, 모략이 지혜자로부터, 말씀이 예언자로부터 사라지지 말아야 하기 때문이다[24]//

---

23. 예레미야에
24. 예레미야를 제거하기 위해 사제, 현자, 예언자 그룹이 총동원되고 있다.

와라! 우리가 혀로 그를 치고 그의 어떤 말에도 귀기울이지 말자"//

19　귀기울이십시오! 아도나이시여, 제게로//

　　들으십시오! 저의 적들의 소리를//

20　악으로 선을 보상해야 합니까?

　　왜냐하면 그들이 제 목숨을 향해 구덩이를 팠기 때문입니다[25]//

　　기억하십시오! 제가 **당신** 앞에 서 있음을

　　그들에게 좋은 것을 말하기 위해/

　　**당신**의 분노를 그들로부터 돌리기 위해//

21　그러므로 주십시오! 그들의 자녀에게 굶주림을,[26]

　　그들이 쓰러지게 하십시오! 칼의 양손[27] 위에

　　그들의 아내들이 아이 없는 과부가 되기를![28]

　　그들의 남자들이 죽음에 맞아 죽고

　　그들의 청년들이 전쟁에서 칼에 쓰러지게 되기를![29]//

22　그들의 집으로부터 비명이 들리기를!

　　**당신**께서 갑자기 그들에게 군대를 데리고 오시기 때문에//

---

25. 애 3:53, 55
26. 애 2:11, 12
27. 칼날
28. 애 2:22
29. 애 2:21

왜냐하면 그들이 나를 사로잡기 위해 구덩이를 팠고

내 발을 향해 덫을 놓았기 때문입니다//

23   하지만 아도나이, **당신**은 아십니다

저의 대한 그들의 치명적인 모략을/

그들의 죄악을 용서하지 말기 바랍니다

**당신** 앞에서 그들의 죄를 지우지 말기 바랍니다//

그들이 **당신** 앞에서 걸려 넘어지기를!

**당신**의 분노의 시간에 그들에게 행하십시오!//


**애가 6**(렘 20:7-13)

7   아도나이시여, 저를 솔깃하게[30] 하셔서

제가 솔깃하게 되었습니다

저보다 강하셔서 저를 이기셨습니다//

제가 온종일 웃음거리가 되었습니다

모두가 저를 조롱합니다//

8   제가 말할 때는 언제나 부르짖습니다

"폭력과 파괴!"라고 제가 외칩니다//

---

30. 바보가 되게. 원래는 (귀가) 열려 있다는 뜻이다. 성경에서 어리석은 자를 가리키는 단어 중 '페티'(팔랑귀)가 바로 이런 자를 가리킨다. 귀가 열려 있어서 남의 말을 솔깃하게 잘 듣기 때문이다. 어리석은 자 중 이런 사람만이 가르침을 받게 된다.

아도나이의 말씀이 제게 되었기 때문입니다

온종일 비난과 조롱이//

9 제가 말하기를 "내가 **그**를 기억하지 않으리라

다시는 **그**의 이름으로 말하지 않으리라"고 하면

그것이 제 마음속에서 타오르는 불처럼

제 뼛속에서 억눌러집니다//

제가 그것을 간직하기가 피곤해져서

제가 할 수가 없습니다//

10 제가 많은[31] 수근거림을 들었기 때문입니다

"사방으로부터의 두려움"[32]

"너희는 고소하라! 우리가 고소하자"[33]

저와 가까운 사람이[34] 말합니다

제가 넘어지기를 지켜보면서//

---

31. 많은 자들의
32. 예레미야가 성전 총감독 사제로서 그를 박해한 바스훌의 이름을 '마고르 밋사빕'(사방으로부터의 두려움)이라고 고쳐 부른 것을, 거꾸로 예레미야를 향해 부르고 있는 상황이다. 아도나이가 예레미야로 하여금 모든 친구에게 두려움이 되게 하겠다고 약속했기 때문이다(렘 20:3, 4).
33. 예레미야를 고소하자고 선동하는 말
34. 저의 동맹자가

"어쩌면 그가 솔깃해져서[35]

우리가 그를 이길 수 있을 것이다

그러면 우리가 복수하는 것이다//

11 하지만 아도나이께서 공포의 전사처럼 저와 함께하십니다

그러므로 저를 뒤쫓는 자들이 넘어질 것이고

그들이 이길 수 없을 것입니다//

그들은 크게 수치를 당할 것인데

그들이 지혜롭지 못하기 때문입니다

수치가 영원히 잊혀지지 않을 것입니다//

12 만군의 아도나이, 의인을 시험하시고

콩팥과[36] 심장을[37] 보시는 분이시여//

그들로부터 **당신**의 복수를 제가 볼 것입니다

**당신**에게 제 재판을 맡겼기 때문입니다//

13 아도나이께 노래하라! 아도나이를 찬양하라!//

**그**가 가난한 자의 목숨을 건지셨기 때문이다

악한 자의 손에서//

---

35. 바보가 되어서
36. 양심과
37. 마음을

**애가 7**(렘 20:14-18)

14  그날이 저주를 받았더라면!

   바로 내가 태어나던//

   내 어머니가 나를 낳던 날이

   축복받지 않았더라면!//

15  그 남자가 저주받았더라면!

   내 아버지에게 소식을 전하여 말하던

   "당신에게 남자 후손이 태어났습니다"라고//

   그를 정녕 기쁘게 하던//

16  그 남자가 되었더라면!

   아도나이가 무너뜨리고 후회하지 않으신 도시들처럼//

   그래서 아침에 부르짖는 소리를 듣게 했더라면!

   그리고 정오에는 전쟁 고함 소리를//

17  왜냐하면 그가 나를 자궁에서 죽이지 않으셨기 때문이다//

   그래서 어머니가 내 무덤이 되지 않았고

   자궁이 영원한 임신상태가 되지 않았다//

18  왜 이렇게 내가 자궁에서 나왔던가?

   고생과 슬픔을 보도록//

   그래서 내 날들이 수치로 끝장나는가?//

## 일곱 애가 해설

**애가 1**

아나돗 사람들이 예레미야를 죽이려고 음모를 꾸밀 때 지은 애가이다. 아마도 그들은 예레미야를 재판에 넘겨 사형판결을 받게 하려 했던 것으로 보인다(20절). 이 시에 앞서 나오는 내러티브에는 아도나이 하나님이 유다와 예루살렘의 바알 숭배 때문에 심판하실 것이라는 신탁이 나온다. 심지어 하나님은 예레미야가 그들을 위해 중보하지 말도록 명령한다. 그들이 고난 중에 아도나이께 기도할지라도 듣지 않겠다고 했다(렘 11:12-14). 아나돗 사람들은 1차적으로 예레미야의 친척 사제들을 가리킨다. 그러나 내러티브의 정황으로 볼 때 바알 숭배에 심취한 일반 백성들도 포함될 것이다. 아나돗이 바알 신화와 뿌리 깊은 장소이기 때문이다.[38]

**18절** 아도나이가 예레미야에게 알게 하신 것은 아나돗 사람들이 꾸민 음모라는 것이 19절에서 밝혀진다.

---

38. '아나톳'은 바알의 여전사인 '아낫'을 복수 형태로 높여 부르는 이름이다. 이스라엘이 가나안에 들어오기 전부터 바알 숭배의 중심도시 중 하나였던 것을 알 수 있다. '아나톳'은 예루살렘에서 북쪽으로 4킬로미터 떨어진 오늘날 팔레스타인 도시 '아나타'이다. 분리 장벽을 사이에 두고 이스라엘 도시 피스갓 제에브(Pisgat Ze'ev)와 붙어 있다.

20절　예레미야는 하나님께 재판을 맡기고, 그들의 음모에 복수해 주시기를 탄원한다. 복수에 대한 주제는 예레미야애가 3장에 나오는 내용과 유사하다(59-60절). "복수"('느카마')라는 단어가 하나님의 행위를 가리키면, 곤경에 처한 의인을 향한 '구원'을 가리킨다(사 61:2; 63:4).

22절　청년들이 칼에 죽고, 자녀들이 굶주려 죽는 것은 예레미야애가에 나오는 주제와 동일하다(애 2:12, 21; 4:4).

지금은 팔레스타인 도시가 되어 버린 아나돗 옆 이스라엘 도시 피스갓 제에브에 머물며 끄적였던 시 한 수를 옮겨와 본다.

〈예루살렘 여름밤〉

김인철

뜬금없이 보내온 친구의 편지처럼
밤하늘 동녘이 밝아 옵니다
아나타에서 솟은 보름달
분리 장벽을 넘어 피스갓 제에브로 달려옵니다
숨바꼭질하는 술래처럼 밤바람이 좇아옵니다
골마다 내닫는 얼음 바람
종일 달궈진 돌산에 부서집니다.

시멘트 담벼락도 엉거주춤

제 그림자에 기대 땀을 식혀 봅니다

예루살렘 여름밤은

종교도 모르는 바보입니다

**애가 2**

애가 1처럼 재판 모티프를 사용하면서도 결이 다른 시이다.

1절    예레미야는 아도나이 하나님을 법정에 피고로 불러내어 심문한다. 하나님이 의로우시다고 하면서도 악인에 대해 심판하지 않는 것을 따져 묻는다. 이때 하나님은 신정론의 아이러니를 해명해야 할 재판장이기도 하다. 여기서 사악한 자들은 6절에서 아나돗에 사는 아버지의 집 가족들로 밝혀진다. 사악한 자들이 왜 형통한지를 묻는 것은 성찰적 지혜의 전형적인 질문이다.

2절    사악한 자들은 하나님의 은총으로 뿌리내리고 열매 맺은 식물에 비유된다. 이것은 〈애가 1〉의 19절에서 그들이 예레미야라는 나무를 열매까지 파괴해 버리자는 음모와 대조된다. 2절에서 사악한 자들의 콩팥 이야기는 〈애가 1〉의 20절에서 사람의 콩팥을 살피시는 재판장 아도나이와 같은 주제이다.

**3절**  하나님은 재판장으로서 예레미야를 시험하며, 사악한 자들에게 사형을 선고해야 하는 분이다. 〈애가 1〉의 22-23절에서 아도나이는 아나돗 사람들에게 사형을 선고했다. 그러나 5-6절에서 하나님은 즉각 판결을 내리기보다는 오히려 예레미야를 격려하고 지혜롭게 행동하도록 권면하기만 한다.

**4절**  사악한 자들의 죄 때문에 식물과 가축이 피해를 본다는 주제는 예언자들의 단골 메뉴이다(렘 14:6; 욜 1:20). 사악한 자들이 결국을 생각하지 않는다는 주제는 예레미야애가에도 나온다(애 1:9). 도살당하는 양의 모티프는 〈애가 1〉의 19절에서 예레미야에게 사용되었는데, 〈애가 2〉의 3절에서는 예레미야의 원수들에게 사용되었다. 그런데 이 도살의 모티프는 예레미야애가 2:21-22에서도 사용되었다.

**5절**  평안한 땅('에레쯔 샬롬')과 요르강 덤불('가온 하야르덴')은 이미지의 아름다운 대조이다.

**6절**  예수 그리스도가 제자들이 시험의 때를 대비하도록 경계할 때 인용되었다(마 10:21).

### 애가 3

2개의 단락으로 나누어지는 애가이다. 앞의 단락(10-14절)은 자신을 낳은 어머니에 대한 탄식으로 시작해서 아도나이의 응답으로 끝난다. 둘째 단락(15-21절)은 아도나이에 대한 예레미야의 불평으로 시작해서 아도나이의 신탁으로 끝난다. 첫째 단락에서 아도나이는 먼저 예레미야의 원수들로부터 재앙의 때에 풀어 주고 변호해 줄 것을 약속한다(11절). 이어서 북방으로부터 막을 수 없는 외적이 올 것과(12절), 유다의 죄 때문에 모든 재산이 탈취당하고, 유다가 원수들의 땅으로 유배당할 것을 예고한다(13-14절). 여기서 "원수"라는 단어가 11절에서는 예레미야를 박해하는 자들을 가리키고, 14절에서는 그 박해자들을 박해하는 바벨론 군대를 가리킨다. "너"라는 단어는 11절에서 2번이나 예레미야를 가리키며, 13, 14절에서는 2번이나 유다 백성을 가리킨다.

둘째 단락은 전체 7절 중에서 아도나이에 대한 예레미야의 불평이 4절을 차지한다. 마침내 그는 자신을 치유하지 않는 아도나이를 "속이는 시내"와 같다고 항변한다. 15절에서 "기억하십시오!", "찾아오십시오!", "보복하십시오!", "아십시오!"라는 동사들이 직접명령 형태(imperative)로 되어 있어 예레미야의 다급한 심정을 잘 드러낸다. 19절에서 아도나이는 그에게 조건부 치유를 약속한다. "네가 만약 돌아오면"이라는 조건절은 예레미야가 항변으로 인해 탈선 죄를 범했음을 보여준다. 예레미야애가 1장에서 저자는 자신의 죄를 2번이나 고백한다(애 1:20, 22). 어쩌면 하나님께 항변하는 것 이상으로, 그가 예언 활동을 중단했던 것인지도 모른다. '돌아가다'라는 동사는 세 가지 의미로 사용된다. 예레미야는 아도나이께로 돌아가야(회개) 하며, 백성들이 예레미야에게 돌아올지라도(사죄), 예레미야는 그들에게로 돌아가면(연합) 안 된다는 것이다. 20절에서 아도나이는 예레미야를 청동 성벽으로 만들어 박해자들이 승리하지 못하게 하겠다고 약속한다. 이때 예레미야에 대한 비유로 사용된 "청동"은 12절에서 바벨론 군대를 가리키는 비유로 사용되었다. 21절에 나오는 "아도나이의 신탁"('네움 아도나이')이라는 표현은 구약 성경에서 376번 나오는데, 예레미야서에서만 절반 가까이 176번이나 사용된다.

### 애가 4

시인은 자신을 향한 고소 건에 대해 적극적으로 해명하며, 오히려 박해자들이 파멸되기를 간청하고 있다.

14절   예레미야의 구원 요청은 그가 얼마나 급박한 처지에 있는지 알게 해 준다. 그는 자초지종을 이야기할 마음의 여유가 없다.

15절  박해자들이 단순히 시인의 예언을 조롱할 뿐 아니라, 아도나이의 말씀을 모독하고 있음을 고발한다. 그들의 조롱은 예레미야의 심판 예언이 성취되지 않은 것에 대한 것이다.

16절  자신을 향한 비난이 부당함을 세 가지로 해명한다. 일곱 애가에서 처음 등장하는 시인의 자기 해명이다. 자신이 유다 백성의 목자로서 사명을 저버린 적이 없다는 것, 자신이 재앙의 날을 선포하지만 그것을 바라고 있지는 않다는 것, 자신의 입으로 나오는 말은 모두 아도나이 앞에서 선포한 것이라는 사실이다. 아도나이는 그것들을 알고 있으시다.

17-18절은 아도나이께 드리는 요청으로 교차평행 형식으로 되어 있다.

> A. 재앙의 날에 두려움이 아닌 피난처가 되어 주시기를 요청(17절)
> B. 박해자들이 수치를 당하고, 예레미야는 당하지 않기를 기원(18상반절)
> B′. 박해자들이 겁을 집어먹고, 예레미야는 겁먹지 않기를 기원(18중반절)
> A′. 박해자들이 재앙의 날에 멸망하기를 요청(18하반절)

17절에서 아도나이를 향한 "~ 마시기 바랍니다"라는 간접명령 형태(jussive) 탄원이 "행하십시오"라는 직접명령 형태(imperative)로 바뀌며 강도를 높이고 있다.

**애가 5**

예레미야를 해치려는 적들의 모의에 대해 아도나이를 2번(19, 23절)이나 부르며 신적 개입을 요청한다. "모략"이라는 단어가 첫 연(18절)과 마지막 연(23절)에 나오며 교차평행 형식으로 되어 있다.

> A. 예레미야의 박해자들이 모략을 동원함(18절)
> B. 예레미야를 급작스럽게 죽이려는 무리를 고소함(19-20절)
> B′. 박해자들이 전쟁으로 급작스럽게 죽기를 기원함(21-22절)
> A′. 박해자들의 모략이 실패하도록 아도나이께 기도함(23절)

**18절**   박해자들의 음모가 사회 지도계층을 중심으로 전방위적으로 거세지고 있음을 보여 준다. 그들은 예레미야를 말로 비난하며, 그의 예언에 귀기울이지 않으므로 무력화시키려 한다.

19절　　아도나이의 한쪽 귀는 예레미야의 탄원에, 다른 쪽 귀는 예레미야의 적들의 모의에 귀기울이도록 요청하는 표현이 흥미롭다.

20절　　예레미야를 해치려고 구덩이를 파는 박해자들과, 그들을 향한 아도나이의 분노를 돌이키기 위해 분투하는 예레미야의 모습이 대조를 이룬다.

21-22절　　박해자들이 예레미야에게 선사하려던 급작스러운 죽음을 되돌려주는 저주이다.

23절　　'아도나이가 아십니다'라는 말이 지금까지는 예레미야의 무죄에 대한 인식이었다.[39] 그런데 여기서부터는 박해자들의 사악함에 대한 인식으로 바뀌었다. 아도나이를 향한 "~ 마시기 바랍니다"라는 간접명령 형태(jussive) 탄원이 "행하십시오"라는 직접명령 형태(imperative)로 바뀌는 것도 탄원의 강도가 높아지고 있음을 알게 한다.

## 애가 6

'솔깃해지다'라는 단어와 '할 수 있다(없다)'라는 단어가 반복되면서 시가 진행된다. 예레미야와 그의 박해자들이 각기 다른 뜻으로 사용하는 '사방으로부터의 두려움'이라는 어구도

---

39.　렘 12:3; 15:15; 17:16

강렬한 시적 대비를 만든다.

7절　　예레미야가 소년 시절에 예언자로 소명을 받던 때를 배경으로 하고 있다(렘 1:4-10). 예레미야는 너무 어린 나이에 하나님께 설득당해서, 지금 백성에게 조롱을 당하게 되었다고 생각하는 듯하다. 그때 하나님은 왕들과 지도자들과 사제들과 백성이 칠지라도 결코 이기지 못하도록 구원할 것을 약속했었다(렘 1:18-19).

8절　　예레미야가 전하는 유다의 멸망에 관한 메시지와 그에 따르는 백성들의 반응에 관한 것이다.

9절　　예레미야가 아도나이의 예언을 억제하기가 불가능함을 묘사한다. 7절에서 아도나이는 예레미야를 설득하는 것이 가능했는데,[40] 9절에서 예레미야는 자신을 설득할 수 없다.

10절　　"저와 가까운 사람"('에노쉬 슐로미')은 함께 식사하고 비밀을 공유할 정도로 가까운 동맹자를 가리킨다. 그런 사람이 예레미야의 몰락을 지켜본다는 것은 시편의 한 구절을 떠올리게 한다. "내가 신뢰하여 내 떡을 나눠 먹던 나의 가까운 친구('이쉬 슐로미')도 나를 대적하여 그의 발꿈치를 들었나이

---

40. "이기셨습니다"로 번역된 조동사는 '할 수 있다'는 의미의 '야콜'이다.

다"(시 41:9).[41] 7절에서 나왔던 '솔직해지다'와 '~할 수 있다'라는 단어가 다시 사용되었다. 박해자들이 복수한다는 것은 예레미야가 임박한 패망을 선고하면서 자신들의 죄를 지적한 것에 대해 앙갚음한다는 의미이다. 그들은 사법체계를 통해 예레미야를 예언 불능상태로 만들고 싶어 하는 것이다. "사방으로부터의 두려움"('마고르 밋사비브')이라는 어구는 예레미야애가 2:22의 "사방으로부터 저의 두려움들"이라는 어구와 동일하다.

11절   다시 '~할 수 없다'라는 단어를 통해 박해자들의 모략이 수포로 돌아갈 뿐 아니라, 오히려 그들이 정죄받고 수치를 면할 수 없게 될 것을 이야기한다. 예레미야는 아도나이가 전사처럼 그를 보호할 것을 믿는다. 이는 소년 시절에 부르심을 받았을 때 받았던 약속인데, 7절에서 볼멘소리로 불평했던 내용과 정반대의 확신이다.

12절   모든 사람의 속을 살피고 시험하시는 재판장 아도나이는, 일곱 애가 첫 노래에서 나왔던 주제이다(렘 11:20). 여기서 드러낸다('갈라')라는 단어는 알몸을 드러낸다는 의미이다. 아무것도 가리거나 숨기지 않는다는 의미이다. 폐부를 살피시는 아도나이에게 자신의 속사정을 드러내는 것은 앞뒤가

---

41. 요한복음 저자는 이 구절을 가룟 유다의 배신에 적용했다(요 13:18).

맞는 행동이다. 유다의 거짓 예언자들은 백성의 죄악을 드러내지 못해서 포로를 돌아오게 하지 못했다(애 2:14). 드러낸다는 단어와 유배라는 단어는 어근과 발음이 같다. 이를테면 유다의 유배('갈라')는 끝났고, 아도나이는 에돔의 죄를 드러내신다(애 4:22).

13절　시인은 아도나이를 찬양하며, 구원받았음을 확신한다.

## 애가 7

〈애가 6〉의 결론으로 아도나이의 구원을 노래했던 예레미야가 우울감에 시달리고 있다.[42]

14절　그는 욥처럼 자기 생일을 저주한다.[43] 17-18절에서도 욥의 생일 저주 모티프를 사용해서 우울감을 표출한다. "내가 태어나던 날이 저주받았더라면"이라는 표현은 그가 소명 받던 날 아도나이가 일러 준 "네가 배에서 나오기 전에 내가

---

42. 서로 다른 두 모습 모두 진정한 예레미야를 보여 준다. 우리들도 예레미야를 닮았다.
43. "그 후에 욥이 입을 열어 자기의 생일을 저주하니라 욥이 입을 열어 이르되 내가 난 날이 멸망하였더라면 사내아이를 배었다 하던 그 밤도 그러하였더라면"(욥 3:1-3).

너를 성별하였다"는 선언에 기초한다.⁴⁴ 그러니까 그가 태어나지 않았더라면 박해자들 때문에 괴로워하지도 않았을 것이라는 의미이다.

15절   그는 아버지에게 남아 출산 소식을 알린 남자를 저주한다.

16절   그 남자가 전쟁의 참화를 겪은 유다의 도시처럼 되었으면 좋겠다고 한다. 그래서 유다의 멸망을 예고한 예레미야의 출생이 결코 축복이 아니었음을 알았어야 한다는 것이다. 대단한 은유가 아닐 수 없다.

17절   욥의 생일 저주를 거의 그대로 인용했다.⁴⁵ 죽은 채 자궁에서 나오지 못한 아이는, 죽은 채 나온 아이와 마찬가지로 무가치한 존재이다. 이름도 없고, 할례받지도 못하며, 장례도 없고, 추모일도 없다. 예레미야는 지금 살아있지만 배 속에서 죽어 버린 태아보다 더 가치 없는 존재라고 느낀다. 아도나이의 말씀을 가감 없이 전한다는 자부심은 있지만, 저항과 박해를 겪으면서 자존감이 바닥으로 내려간 것이다.

18절   죽어 고통 없이 쉬고 있는 사산아보다 못한 존재가

---

44. 렘 1:5
45. "이는 내 모태의 문을 닫지 아니하여 내 눈으로 환난을 보게 하였음이로구나"(욥 3:10).

되어 버린 자신을 저주한다.[46] 죽는 날까지 수치를 겪어야 하기 때문이다.

---

46. 욥 3:11-26

## 에필로그

서고에 오래 꽂혀 있던 책을 꺼내 읽은 기분이다. 먼지를 털어 내고 빛바랜 페이지를 넘기자 난 종이 삭은 냄새가 정겹다고나 할까. 사실 애가는 예레미야서의 부록 정도로 취급받는 책이다. 예레미야서의 방대한 내러티브를 읽어 낸 사람에게 애가가 신선하게 다가올 리는 없다. 다음 책을 읽기 전 기분 전환용으로 읽어 치우든가 건너뛰다시피 읽기 십상이다. 그런 책을 마치 처음 읽는 사람처럼 꼼꼼히 읽고 나니 감회가 새롭다. 운문이니 지혜문학이니 평행법이니 하는 것들도 그렇고, 패전과 유배 상황에서 팍팍했던 유다인들의 삶을 우리네 역사와 오버랩시킬 수 있었던 것도 그랬다.

사람마다 선호하는 성경 인물이 다르겠지만 나는 예레미야를 좋아한다. 아도나이 하나님과 밀당하는 인간적인 면모가 너무 매력적이기 때문이다. 특히 애가를 예레미야서에 나오는 일곱 애가와 나란히 놓고 읽으면서 나는 그에게 완전히 빠져 버렸다. 죽음과 삶의 경계선을 수없이 오가면서 남긴 것이 고작 노랫말이라니 기가 막힌다. 애가는 개인적인 고뇌에 대한 독백이며, 미워할 수 없는 동시대 유다인들을 향한 충고이며, 절대적으로 의지할 수밖에 없는 하나님께 올리는 기도이다. 그리고 그는 눈물 흘린다. 실의에 빠진 유다인들을 향해서도 눈물 흘려 울라고 말한다. 그가 노랫말 작사 외에 잘하는 것은 우는 것이다. 눈물의 예언자라는 별명은, 기억해 줄 후손도 없는 그에게 추서된 훈장과도 같다.

나는 아직도 애가의 여운에서 헤어나지 못하고 있다. 예술품 전시회나 음악회나 영화관에서 받은 감동을 음미하는 기분이다. 어쩌면 공연을 마친 배우가 배역을 맡았던 극중 인물에서 빠져나오지 못하는 상태인지도 모른다. 애가에서 사용된 키나 운율에 대해 더 알아보고 싶어 해외서적을 구매했고, 성서공회 도서관에 가서 자료들도 뒤져 볼 생각이다. 이러다가 불쑥 메소포타미아의 비가(悲歌) 운율을 알아보겠다고 나설지도 모른다. 성경 색인 작업을 하면서 받은 강렬한 인상도 지워지지 않는다. 왜 특정 단어들이 특정 장에서만 사용되었는지, 극히 일부 단어들이 1-5장 전체에 골고루 나오는 것이 우연의 일치인지 궁금하다.

애가는 나를 운문과 낭독의 세계로 이끌었다. 50년 전 시를 쓰겠다며 국문학과에 지망했던 풋풋한 문학청년이 떠오른다. 논리적으로 분석하고 의미를 파악하는 타향에서, 아름다움을 찾아내고 상징을 읽는 고향으로 돌아왔다고나 할까. 침묵으로 읽혀지는 활자 본문으로부터 소리와 색채를 재현시키는 일에 매력을 느낀다. 성경을 소리 내어 읽는 데 운문만큼 좋은 장르도 없다. 처음부터 성경은 소리로 구전되다가 문자로 정착되었다. 모든 성경은 낭독할 때 원래의 모습을 온전히 드러낸다. 성경은 머리로 해독하는 암호문이 아니다. 연주를 통해 소리가 들려지는 악보이거나, 공연을 통해 입체적으로 보여지는 희곡대본에 더 가깝다. 그때 성경은 책에서 머리로 이동하지 않고, 사람에게서 사람으로 옮겨진다.

유대인들이 '티샤 베아브'(음력 5월 9일)에 회당에 모여 애가를 낭독하는 것처럼, 우리도 육이오 날이나 현충일에 함께 모여 애가를 낭독해 보는 것은 어떨까? 4월 3일이나 16일에 읽어도 어울릴 것 같다. 나는 앞으로 성경의 운문들을 더 소개하려고 한다. 이성적으로 따지느라 미처 느껴 보지 못한 아름다움에 함께 빠져 보자고 말하고 싶다. 모쪼록 이 책을 통해 무심코 애가를 읽었던 예전으로 돌아갈 수 없게 되었기를 바라고 싶다.

# 관용어 사전

**정한 때** 음력 주기에 맞춘 명절. 애가에서는 유다의 패망일인 아브월 9일에 대한 풍자(애 1:15; 2:7, 22).

**포도주 틀을 밟다** 포도가 으깨어져 포도주가 만들어지듯, 전쟁의 참화로 피가 흐르게 하다(애 1:15; 욜 3:13; 계 14:19; 19:15 참조).

**손을 내뻗다** 손을 뻗어 탈취하다(애 1:10). 도움을 요청하다(애 1:17). (빵을) 나누다(애 4:4).

**입을 거역하다** 명령을 거역하다(애 1:18).

**그의 발판** 속죄소(애 2:1; 시 99:5 참조).

**그가 기억하다(하지 않다)** 하나님이 구원하시다(하시지 않다)(애 2:1; 3:19; 5:1).

**뿔을 자르다** 권력자들을 망하게 하다(애 2:3).

**정하신 처소** 성소(애 2:6).

**그의 장막을 헐다** 하나님이 스스로 성소를 파괴하시다(애 2:6).

**흙먼지를 머리에 끼얹다** 극한 슬픔을 표하다(애 2:10).

**자루를 허리에 두르다** 상복을 입다(애 2:10).

**뿔이 높아지게 하다** 권력을 얻게 하다(애 2:17).

**눈의 딸** 눈동자(애 2:18).

**주의 얼굴 앞에 마음을 물처럼 쏟아붓다** 하나님께 전심으로 기도하다(애 2:19).

**여인들의 열매** 여인들이 낳은 자녀(애 2:20).

**재를 뒤집어쓰다** 극한 슬픔에 빠지다(애 3:16).

**흙먼지에 입을 대다** 낮은 신분이 되다/치욕을 감내하다(애 3:29; 창 3:14 참조).

**눈에서 수로의 물이 흐르다** 눈물이 그치지 않고 흐르다(애 3:48).

**구덩이에 내팽개치다** 죽게 만들다(애 3:53).

**숨 돌림** 휴식(애 3:56; 출 8:15 참조).

**금이 빛을 잃다** 상상할 수 없는 일이 벌어지다(애 4:1).

**빵을 찢다** 빵을 나누다(애 4:4; 렘 16:7; 마 14:19; 행 2:42; 20:7, 11 참조).

**피부가 뼈에 달라붙다** 극도의 영양실조를 겪다(애 4:8).

**굶주림에 찔리다** 굶주림으로 죽게 되다(애 4:9).

**아도나이의 얼굴** 아도나이(애 4:16).

**우쯔 땅에 사는 자** 에돔 민족 (애 4:21).

**손을 주다** 외교관계를 맺다(애 5:6).

**여인들을 욕보이다** 여인들을 성폭행하다(애 5:11).

**손에 매어 달리다** 처형당해 나무에 매어 달리다(애 5:12).

**면류관이 떨어지다** 왕조가 끊어지다(애 5:16).

**여우가 노닐다** 폐허가 되다(애 5:18).

# 애가 단어 색인

가깝다('카라브') 3:57; 4:18
가리다('싸카크') 3:43, 44
까닭 없이('힌남') 3:52
간('카베드') 2:11
거역하다('페샤아') 1:5, 14, 22; 3:42
걷다('할라크') 1:5, 6, 18; 3:2; 4:18
고개를 떨구다('아따프') 2:11, 12, 19
과부('알마나') 1:1; 5:3
광장('레호브') 2:11, 12; 4:18
괴로워하다('야가') 1:4, 5, 12; 3:32, 33

구하다('바카쉬') 1:11, 19
굶주림('라아브') 2:19; 4:9; 5:10
굽어살피다('샤카프') 3:50
긍휼('라함') 3:22
그치다('샤밧') 5:14, 15
끝/종말('케쯔') 4:18×2
끝나다/완성되다('타맘') 3:22; 4:22
끝내다('칼라') 2:11, 22; 3:22; 4:11, 17
기다리다('야할') 3:21, 24
기억하다/떠올리다/생각하다('자카르') 1:7, 9; 2:1; 3:19,

20×2; 5:1

길('데레크') 1:4, 12; 3:9, 11, 40

길거리('후쯔') 1:20; 2:19, 21; 4:1, 5, 8, 14

나라들/이방인들('고임') 1:1, 3; 4:15

내던지다('샬라흐') 1:13; 2:1

내뻗다/펼치다/찢다('파라쓰') 1:10, 13, 17; 4:4

내쫓다/거부하다('자나흐') 2:7; 3:17, 31

넘어뜨리다('하라쓰') 2:2, 17

노래('네기나') 3:14; 5:14

눈('엔') 1:16×2; 2:11, 18; 3:48, 49, 51; 4:17

눈물('디마') 1:2; 2:11, 18

다시는('로 야사프') 4:15, 16, 22

땅/세상('에레쯔') 2:1, 2, 9, 10×2, 11, 15; 4:12

도살하다('따바흐') 2:21

도시('이르') 1:1; 2:12, 15; 3:51

도착하다/지나가다('아바르') 1:12; 3:44; 4:21

돌아가다/돌이키다('슈브') 1:11, 16, 19; 2:14; 3:40, 64; 5:21 ×2

두 손바닥/손뼉('카파임') 2:15, 19; 3:41

둘러막다('가다르') 3:7, 9

뒤집다/넘어가다/바뀌다/무너지다('하파크') 1:20; 3:3; 4:6; 5:2, 15

뒤쫓다/따라잡다('라다프') 1:3, 6; 3:43, 66; 4:19; 5:5

듣다('샤마아') 1:18, 21; 3:56, 61

들어 올리다/봐주다/짊어지다('나싸아') 2:19; 3:41; 4:16; 5:13

멍에('올') 1:14; 3:27

명령하다('짜봐') 1:10; 2:17; 3:37

목 놓아 울다('바카') 1:2×2, 16

목메어 울다('아나흐') 1:4, 8, 11, 21

목숨('네페쉬') 1:11, 16, 19; 3:17, 24, 51, 58; 5:9

반역하다('마라') 1:18, 20×2; 3:42

빵/음식/양식('레헴') 1:11; 4:4; 5:6, 9

뺨('레히') 1:2; 3:30

배를 채우다('싸바아') 3:15, 30; 5:6

백성/민족('암') 1:1; 3:45

방황하다('누아') 4:14, 15

보다('라아') 1:7, 8, 10, 12, 18; 2:20; 3:1, 36, 50, 59, 60; 5:1

부르다/선포하다/외치다('카라') 1:15, 19, 21; 2:22; 3:55, 57; 4:15

부정함('뚬아') 1:9; 4:15

진노('아프') 1:12; 2:1×2, 3, 6, 21, 22; 3:43, 66; 4:11

불('에쉬') 1:13; 2:3, 4; 4:11

불결한 것('닛다') 1:8, 17

불의/형벌('아본') 2:14; 4:6, 13, 22×2; 5:7

뿔('케렌') 2:3, 17

빗나가다/물러서다('쑤르') 3:11; 4:15×3

사냥하다/덫을 놓다('쭈드') 3:52×2; 4:18×2

사랑하다('아하브') 1:2, 19

사제('코헨') 1:4; 2:6, 20; 4:13, 16

산산조각 내다/부수다('샤바르') 2:11, 13; 3:4, 47, 48; 4:10

살펴보다/굽어살피다('나바뜨') 1:11, 12; 2:20; 3:63; 4:16; 5:1

삼키다('발라') 2:2, 5×2, 8, 16

상속물('헬레크'/'나할라') 3:24; 5:2

선하다/좋다/낫다/마땅하다/순전하다('또브') 3:17, 25, 26, 27; 4:1, 9

성문('샤아르') 1:4; 2:9; 4:12; 5:14

성벽/내벽('호마') 2:7, 8×2, 18

성소('미크다쉬') 1:10; 2:7, 20; 4:1

송사('리브') 3:36, 58

쏟아붓다('샤파크') 2:4, 11, 12, 19; 4:1, 11, 13

수치/모욕('헤르파') 3:30, 61; 5:1

숨어 기다리다('아라브') 3:10; 4:19

쉴 곳('마노아흐') 1:3

시온('찌욘') 1:4, 17; 2:1, 4, 6, 8, 10, 13, 18; 4:2, 11, 22; 5:11, 18

심장('레브') 1:20, 22; 2:18; 3:41, 65; 5:15, 17

아낌없이('하말') 2:2, 17, 21; 3:43

아무(것)도 없다('아인') 1:2, 9, 17, 21; 5:7, 8

애곡하다('아발') 1:4; 2:8; 5:15

어린아이('올렐') 1:5; 2:11, 19, 20; 4:4

어찌하여('에이카') 1:1; 2:1; 4:1, 2

엎혀살다('구르') 4:15

얼굴/앞('파님') 1:5, 6, 22; 2:3, 19; 3:35; 4:16×2; 5:12

예루살렘('예루샬라임') 1:7, 8, 17; 2:10, 13, 15; 4:12

예언자('나비이') 2:9, 14, 20; 4:13

(들어)오다/가다('바아') 1:4, 10, 22; 4:12

오솔길('나티브') 3:9

외벽('헬') 2:8

울부짖다('라난') 2:19

원수('오예브') 1:2, 5, 9, 16, 21; 2:3, 4, 5, 7, 17, 22; 3:46, 52; 4:12

위로하다('나함') 1:2, 9, 16, 17, 21; 2:13

유다('예후다') 1:3, 15; 2:2, 5; 5:11

유배하다/드러내다('갈라') 1:3; 2:14; 4:22×2

잊다('샤카흐') 2:6; 5:20

자비('헤쎄드') 3:22, 32

장로/노인('자켄') 1:19; 2:10,

21; 4:16; 5:12, 14

재('에페르') 3:16

적/고통('짜르') 1:5×2, 7×2, 10, 17, 20; 2:4, 17; 4:12

정한 때/모임/성소('모에드') 1:15; 2:6×2, 7, 22

젖을 빨다('야나크') 2:11; 4:3, 4

죄/형벌/더러움('하타아') 1:8; 3:39; 4:6, 22; 5:7, 16

주다/넘겨주다('나탄') 1:14; 3:65; 5:6

진노('아프') 1:12; 2:1×2, 6, 21, 22; 3:43, 66; 4:11

진실('에무나') 3:23

찔리다('할랄') 2:12; 4:9×3

짓뭉개다('샤하트') 2:5, 6, 8

창자('메에') 1:20; 2:11

찾다/만나다('마짜') 1:3, 6; 2:9, 16

쳐 죽이다('하라그') 2:4, 20, 21; 3:43

침묵하다('다맘') 2:10, 18; 3:26, 28

콩팥('킬요트') 3:13

탐스럽다('마흐마드') 1:10, 11; 2:4

포로('쉐비'/'쉐부트') 1:5, 18; 2:14

피('담') 4:13, 14

숨 돌림('르봐하') 3:56

호되게 다루다('알랄') 1:12, 22×2; 2:20; 3:51

홀로('바다드') 1:1; 3:28

환난('아니이') 1:3, 7, 9; 3:1, 19

환상을 보다('하자') 2:14×2

활('케셰트') 2:4; 3:12

황폐하다/버려지다/폐허('샤멤') 1:4, 13, 16; 3:11; 4:5; 5:18

흙먼지('아파르') 2:10; 3:29

# 참고 문헌

외서

Keel, Othmar. *The Symbolism of The Biblical World-Ancient Near Eastern Iconography and the Book of Psalms*, Eisenbrauns, 1997.

Smith, Mark S. *The Lamentation of Jeremiah and Their Contexts*, Scholars Press, 1990.

Soloveitchik, Rabbi Joseph B. *The Koren Mesorat HaRav Kinot*, Ou Press, 2010.

번역서

나이트, 더글라스 A., 필립 J. 킹 & 로렌스 E. 스태거. 임미영 옮김, 『고대 이스라엘 문화』, CLC, 2014.

돌시, 데이빗 A. 류근상 옮김, 『구약의 문학적 구조』, 크리스챤 출판사, 2003.

링그렌, H., O. 카이저 & H. W. 헤르쯔베르그. 박영옥 옮김, 『아가/애가/에스델/룻기』, 국제성서주석, 한국신학연구소, 1992.

버넷, 조엘 S. 김인철 옮김, 『하나님은 어디에 계시는가?』, 그리심, 2014.

벌린, 아델. 이희성 옮김, 『성경 평행법의 역동성』, 그리심, 2012.

베일리, 케네스 E. 오광남 옮김, 『중동의 눈으로 본 예수님의 비유』, 이레서원, 2017.

브루그만, 월터. 김기철 옮김, 『예언자적 상상력』, 복있는 사람, 2023.

왈튼, 존 H. 김인철 옮김, 『창세기 1장의 잃어버린 세계』, 그리심, 2011.

우치다 다쓰루. 박동섭 옮김, 『우치다 다쓰루의 레비나스 시간론』, 갈라파고스, 2022.

첼란, 파울. 전영애 옮김, 『죽음의 푸가』, 민음사, 2011.

크렌쇼, 제임스 L. 강성열 옮김, 『구약 지혜문학의 이해』, 한국장로교출판사, 1993.

트리블, 필리스. 김지호 옮김, 『공포의 텍스트』, 도서출판 100, 2022.

하우스, 폴 R. 채천석 옮김, 『아가 예레미야애가 WBC 주석』, 솔로몬, 2010.

**국내서**

김근주. 『특강 예레미야』, IVP, 2022.

김인철. 『성경은 낭독이다』, 오도스, 2022.

김창대. 『예레미야서의 해석과 신학』, 새물결플러스, 2021.

선우남. 『예레미야애가』, 대한기독교서회 창립 100주년 기념 주석. 대한기독교서회, 1994.

송민원. 『지혜란 무엇인가』, 감은사, 2021.

\_\_\_\_\_. 『더바이블 전도서』, 감은사, 2023.

윤성덕. 『예레미야애가』, 연세신학백주년 기념 성경주석, 대한기독교서회, 2014.

이상빈. 『아우슈비츠 이후 예술은 어디로 가야 하는가』, 책세상, 2009.

전영애. 『어두운 시대와 고통의 언어』, 문학과지성사, 1986.

조휘. 『예레미야와 함께』, 그리심, 2019.

한석준. 『한석준의 말하기 수업』, 인플루엔셜, 2023.

현기영. 『순이 삼촌』, 창비, 2018.